Mit der Gratis-App haben Sie Ihren kulinarischen Reiseführer auch unterwegs immer dabei!

UND SO EINFACH GEHT'S:

APP HERUNTERLADEN

Laden Sie einfach die kostenlose App »Meze in Istanbul« im Apple App Store oder Google Play Store auf Ihr Smartphone.

DIE WICHTIGSTEN INHALTE IMMER DABEI

- alle vorgestellten Spaziergänge mit Adressen und interaktiver Karte
- Infos zu den Restaurants und kulinarischen Spezialitäten, besondere Reisetipps, Rezepte zum Nachkochen

Laden im App Store

ANDROID APP BEI Google play

Meze in Istanbul

F.ÖMEROGLU

Meze in Istanbul

KULINARISCHE SPAZIERGÄNGE UND ORIGINALREZEPTE

P. CASPAREK | E. CASPAREK-TÜRKKAN | T. TÜRKKAN
FOTOGRAFIE: UWE TÖLLE

DIE GU-QUALITÄTS-GARANTIE

Wir möchten Ihnen mit den Informationen und Anregungen in diesem Buch das Leben erleichtern und Sie inspirieren, Neues auszuprobieren. Bei jedem unserer Bücher achten wir auf Aktualität und stellen höchste Ansprüche an Inhalt, Optik und Ausstattung. Alle Rezepte und Informationen werden von unseren Autoren gewissenhaft erstellt und von unseren Redakteuren sorgfältig ausgewählt und mehrfach geprüft. Deshalb bieten wir Ihnen eine 100 %ige Qualitätsgarantie.

Darauf können Sie sich verlassen:
Wir legen Wert darauf, dass unsere Kochbücher zuverlässig und inspirierend zugleich sind.
Wir garantieren:

- dreifach getestete Rezepte
- sicheres Gelingen durch Schritt-für-Schritt-Anleitungen und viele nützliche Tipps
- eine authentische Rezept-Fotografie

Wir möchten für Sie immer besser werden:
Sollten wir mit diesem Buch Ihre Erwartungen nicht erfüllen, lassen Sie es uns bitte wissen! Nehmen Sie einfach Kontakt zu unserem Leserservice auf. Sie erhalten von uns kostenlos einen Ratgeber zum gleichen oder ähnlichen Thema. Die Kontaktdaten unseres Leserservice finden Sie am Ende dieses Buches.

GRÄFE UND UNZER VERLAG
Der erste Ratgeberverlag – seit 1722.

INHALT

GENUSS-STADT ISTANBUL

Nur der Meze, der Vorspeisen wegen nach Istanbul reisen? Nicht nur! Aber immer wieder gerne! Denn in dem Maße, wie die Mega-City am Bosporus auf 18 Millionen Einwohner wuchs, in dem Maße veränderte sich auch die kulinarische Szene der Stadt: Das Angebot an Meze in den Meyhane (Tavernen) und Restaurants wurde größer und moderner, ohne dass die kleinen Gerichte ihre kulinarischen Wurzeln verleugnet hätten.

Im geselligen Leben von Istanbul spielen Meze eine große Rolle. Sie sind seit Jahrhunderten Teil der türkischen Trinkkultur. Trifft man sich mit Freunden in einem Meyhane zu Rakı oder Wein, werden traditionell Oliven oder Nüsse, meistens aber kleine Gerichte serviert. Ob mit oder ohne Alkohol, der Reiz dieser orientalischen Ess- und Trinkkultur ist, dass man an einem Abend bei verschiedenen Meze eine große Bandbreite der türkischen Küche entdecken kann.

STÄNDIGER WANDEL

Istanbul ist eine quirlige Stadt, so wunderbar orientalisch, so reich an Geschichte und Geschichten, Eindrücken, Angeboten und so gastfreundlich, dass man immer wiederkommen möchte. Die Ankunft dort ist jedes Mal wie die Landung auf einem anderen Planeten. Die rasant wachsende Stadt mit ihrer 8 000-jährigen Geschichte verschlägt einem erst einmal den Atem. Ein Häusermeer mit Minaretten und Wolkenkratzern auf zwei Kontinenten – Europa und Asien. Istanbul verändert sich ständig.

Schon immer war Istanbul ein Schmelzpunkt vieler Ethnien. Griechen, Völker vom Balkan, der Kaukasusregionen und des Mittleren Ostens brachten ihre Gerichte und Kochgewohnheiten mit. Heute gehören sie ganz selbstverständlich zur Istanbuler Küche. Die traditionellen Meze und die vielfältigen Gerichte Südostanatoliens, der Schwarzmeer- und Ägäis-Küste sind die Basis der neuen kreativen Köche.

Die Generation junger türkischer Köche und Köchinnen holte sich zudem in den USA, in England und in Frankreich Anregungen. Sie mischten die traditionelle türkische Küche, und damit auch die Meze-Kultur, mit ihren kulinarischen Ideen auf. Es entstand eine schnörkellose, gesunde Küche mit neuen Geschmacksnoten und überraschenden Zutaten. Bei manchen Gerichten braucht es nicht einmal viel Veränderung: Im Meze-Miniaturformat serviert wirken sie auf einmal ganz neu und frisch.

ISTANBUL MIT ALLEN SINNEN

Begleiten Sie uns auf fünf Spaziergängen und lernen Sie die Besonderheiten, die Schätze und den Charakter Istanbuls kennen. Sie führen Sie in bekannte und unbekannte Ecken, auf Märkte, in Läden mit kulinarischen Spezialitäten sowie traditionellem Handwerk und in Restaurants und Tavernen. Die renommierten Köche der ausgesuchten Restaurants überließen uns großzügig ihre Rezepte, die wir in diesem Buch an Sie weitergeben.

Wir wünschen Ihnen und Ihren Freunden großen Spaß beim Nachkochen und viele genussreiche Stunden!

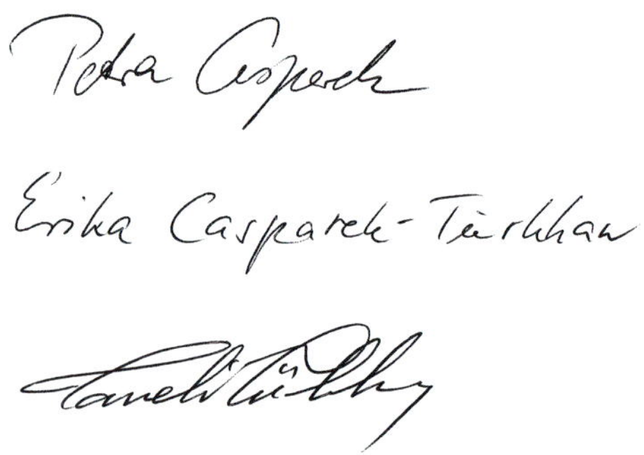

UNTERWEGS IN ISTANBUL

Istanbuls öffentliches Verkehrsnetz

Zu Fuß, mit Taxi (Taksi), Straßenbahn, U-Bahn oder Schiff – es gibt viele Möglichkeiten, sich in Istanbul auf den Weg zu machen. Wer seine Kräfte für die Erkundungen schonen möchte, kann die Strecken dorthin bequem mit öffentlichen Verkehrsmitteln bewältigen. Für unsere fünf Spaziergänge sind die folgenden Verkehrsmittel besonders nützlich.

GEMÄCHLICH ANS ZIEL

Straßenbahn (Tramvay) Linie T1 von Bağcılar bis Kabataş: Mit dieser Linie kommt man von Beyoğlu über die Galata-Brücke bis Eminönü, Sirkeci, Sultanahmet-Platz (Moscheen, Topkapı Palast, Hamam), Çemberlitaş (Großer Basar Ein- oder Ausgang) und Beyazıt (Großer Basar Ein- oder Ausgang und Anschluss Atatürk-Flughafen); täglich von 6 bis 24 Uhr.
Standseilbahn (Füniküler) Linie F 1 von Kabataş bis Taksim Platz: Die Steigung überwindet die Seilbahn in wenigen Minuten; täglich von 6.15 bis 24 Uhr.
Historische U-Bahn (Tünel) von Karaköy bis Tünel (unteres Beyoğlu): Die älteste und kürzeste U-Bahn Istanbuls verkehrt täglich von 7 bis 22.45 Uhr.
Historische Straßenbahn (Nostaljik Tramvay) von Tünel bis Taksim Platz über die İstiklal Caddesi; täglich von 7 bis 22.45 Uhr.

WEITE STRECKEN

Für längere Strecken oder wenn es schnell gehen soll, empfiehlt sich die **U-Bahn** (Hızlı Metro): Die verschiedenen Linien fahren u. a. von Yenikapı über das Goldene Horn und den Taksim-Platz, und sie verkehren auch zwischen der europäischen und asiatischen Seite Istanbuls; täglich von 6 bis 24 Uhr.

MIT DEM SCHIFF

Bosporus-Fähren (Vapur und Feribot): Sie sind das bequemste, preiswerteste und schönste Verkehrsmittel für Überfahrten vom europäischen zum asiatischen Teil Istanbuls, etwa nach Üsküdar, Kadıköy oder zu den Prinzeninseln. Man sitzt auf Deck an der frischen Luft oder, wenn es draußen ungemütlich ist, im Salon.

Von Eminönü und von Kabataş legen die Fähren nach Üsküdar und Kadıköy sowie zu den Prinzeninseln ab. Die Überfahrt zu den beiden Zielen auf dem asiatischen Teil dauert zwischen 20 Min. (Üsküdar) und 40 Min. (Kadıköy), zu den Prinzeninseln 1 ½ Std.

MIT DEM TAXI VON TÜR ZU TÜR

Istanbuls Straßen sind von unzähligen gelben **Taxis** bevölkert, die sich hupend ihren Weg durch den Verkehr bahnen. Taxifahren ist eine preiswerte und bequeme Möglichkeit, direkt ans Ziel zu gelangen. Für alle, die kein Türkisch sprechen, ist es hilfreich, das Fahrtziel und möglichst das Viertel oder einen markanten Punkt in der Nähe auf einen Zettel zu notieren und vorzuzeigen.

1
TAKSİM – TÜNEL
47

BALKON
PARIS
1955
34 TBM 14

DIE SPAZIERGÄNGE

Istanbul von seinen schönsten Seiten

Wie lernt man Istanbul in kurzer Zeit kennen? Den Stadtplan vor Augen haben wir die besten Stücke herausgesucht. Wir durchwandern die angesagtesten, aufregendsten und berühmtesten Stadtteile und Viertel Istanbuls. Unsere fünf Spaziergänge beginnen in Beyoğlu, wo die Meze- und Meyhane-Kultur, also die Vorspeisen- und Kneipenkultur, zu Hause ist. Da das Gebiet sehr groß ist, haben wir es in zwei Spaziergänge unterteilt, in Unteres und Oberes Beyoğlu. Danach sind wir im alten Istanbul unterwegs, beim Topkapı-Palast, bei den Moscheen und Basaren, und zum Schluss auf der asiatischen Seite. So entstand dieses Puzzle aus fünf Spaziergängen, bei denen man Einblicke in die Geschichte, in das Leben und natürlich in die Küchen mit ihren Meze erhält.

UNTERES BEYOĞLU

Im lebendigsten Viertel starten wir – im unteren Teil Beyoğlus mit seinem Wahrzeichen, dem Galata-Turm. Hier steht man vor der schwierigen Entscheidung: Soll man sich erst einmal durch einen Teil der quirligen İstiklal Caddesi treiben lassen oder Orhan Pamuks Museum besuchen? Vielleicht doch in den Seitenstraßen die vielen kleinen Läden und Boutiquen erkunden oder direkt in einem der angesagtesten Meze-Restaurants einkehren? Hinunter zum Bosporus nach Karaköy, zu Istanbuls Delikatessen, treibt es Frühstücksfans und Feinschmecker. Frühaufstehern, die neugierig auf kulinarische Entdeckungen sind, ist sonntags ein Abstecher nach Kasımpaşa zu empfehlen, zum İnebolu-Markt mit frischen Lebensmitteln vom Schwarzen Meer.

OBERES BEYOĞLU

Hier setzt sich die rund 3 ½ Kilometer lange quirlige İstiklal Caddesi zum Taksim-Platz fort. Viele hervorragende Restaurants liegen entlang der Straße. In holprigen Seitenstraßen trifft man immer wieder auf Lokale und Geschäfte, die vom alten Istanbul erzählen, wie das Ara Café oder der herrlich bunte Petek-Turşu-Laden mit sauer eingelegtem Gemüse. Das süße Kontrastprogramm gibt es in und bei der İstiklal Caddesi: drei Geschäfte mit den berühmtesten Süßigkeiten der Stadt. Letzte Station ist ein Abstecher in das moderne Viertel Nişantaşı/Teşvikiye zum Shoppen und Genießen.

SULTANAHMET

Geschichte, Kultur und Genuss stehen in Istanbuls historischem Viertel auf dem Programm. Bei dem großen Angebot kann man nur einen Bruchteil der interessanten Gebäude, Ausstellungen und Lokale besuchen. Deshalb geht man es gleich ganz entspannt an, fährt mit der Bahn zum Sultanahmet-Platz, besichtigt eine der berühmten Moscheen oder einen Teil des Topkapı-Palasts, legt eine Genießerpause mit Köfte (Frikadellen) oder Süßem ein und beschließt den Tag mit einem Hamam-Besuch.

BASARVIERTEL

Der quirlige Basar und die Straßen und Gassen darumherum sind einzigartig: Gold, Teppiche, Lederwaren, Antikes in schier grenzenloser Auswahl. Das Angebot überwältigt einen einfach. Wie gut, dass es mitten im Gewimmel Oasen der Ruhe und des Genusses in Form von stilvollen Restaurants und Cafés gibt. Für kulinarische Souvenirs ist der Ägyptische Basar die richtige Adresse: Gewürze, frisch gerösteter Kaffee oder verschiedene Käse sind ganz besondere Mitbringsel.

ÜSKÜDAR, KADIKÖY UND BÜYÜKADA

Genuss und Entspannung sind schon bei der kurzen Dampferfahrt von der europäischen Seite nach Üsküdar oder Kadıköy garantiert, bei der langen auf die Insel Büyükada erst recht! Aber egal wie umfangreich der Abstecher ausfällt, kulinarischer Genuss ist jeweils das Ziel – ob in einem typischen Familienrestaurant in Üsküdar oder im Slow-Food-nahen »Çiya Sofrası«, wo sehr ursprünglich und raffiniert türkisch gekocht wird. Oder doch lieber an der Uferpromenade auf Büyükada köstliche Meze mit Meerestieren probieren? Oder auf dem höchsten Inselberg würzige Käsetäschchen bei unschlagbarer Ausssicht genießen? Alles wird wohl nicht drin sein, aber man kann ja wiederkommen!

Goldenes Horn
Taksim Platz
Kabataş İskelesi
Meclis-İ Mebusan Cad.
1
2
3
4
Karaköy
Galata-Turm
MISIR
Galata-Brücke
Eminönü
KAPALIÇARŞI
Topkapi Palast
Ägyptischer Basar
Gedeckter Basar
HAGIA SOPHIA
Blaue Moschee
Sultanahmet
Istanbul

ahçe Palast
Paşalimanı Cad.
SIMITÇI
11
Kızkulesi
Üsküdar
Harem Üsküdar Yolu
orus
5
Kadıköy
Prinzen-
Inseln
Büyükada
Çiya
SOFRASI
Söğütlü Çeşme Cad.

tola tola
tola tola
AKTAS

GREATNESS
GREATNESS

ozan

UNTERES BEYOĞLU

Istanbul mit einer großen Prise europäischer Kultur

Es geht bergauf über steile Straßen, im Rücken die Galata-Brücke, vor Augen das Ziel: der Galata-Turm (Galata Kulesi) auf dem Galata-Hügel. Während die eleganten Minarette der großen Moscheen Wahrzeichen des Istanbuls der Sultane sind, ist der wehrhafte schlanke Galata-Turm auf der Anhöhe jenseits des Goldenen Horns das Symbol für die europäische Neustadt Beyoğlu (früher unter dem alten griechischen Namen Pera bekannt).

Der Galata-Turm wurde 1349 als Teil einer genuesischen Festung errichtet. Mit seiner umlaufenden Galerie ist er ein beliebter Aussichtsturm und vor allem bei Sonnenuntergang stark besucht. Beyoğlu wurde einst als Handelsniederlassung und europäische Kolonie gegründet. Auf und um den Hügel siedelten sich christliche, jüdische und andere Zuwanderer an. Im Laufe der Zeit entwickelte sich Beyoğlu zu einer Enklave europäischer Kultur und Sitten. Heute ist es eine City mit Bankendistrikt, Niederlassungen von Botschaften und Firmen, Kirchen und Synagogen, Fin-de-Siècle-Hotels, ausländischen Schulen und Krankenhäusern. Das Goethe-Institut ist hier ebenfalls zu finden.

DAS VIERTEL DER INDIVIDUALISTEN

Ab Mitte des letzten Jahrhunderts verkam das Viertel zu einer malerisch abgewirtschafteten Jugendstilgegend. Individualisten, Künstler und Lebenskünstler entdeckten vor einigen Jahren die schlafende Schönheit Beyoğlu mit ihren architektonischen Schätzen und ihrer einzigartigen Lage in der städtischen Hügellandschaft. Nach und nach wurden und werden Häuser und Wohnungen renoviert, in Appartements mit besonderer Wohnqualität umgewandelt und auch an Touristen vermietet, die sich in diesem lebendigen Viertel besonders wohl fühlen.

MODEKETTENFREIE ZONE

Für den steilen Anstieg zum Galata-Turm wird man mit einer faszinierenden Mischung an kleinen Läden belohnt: junge Modelabels, Geschäfte mit bunten und modernen Gebrauchsgegenständen, Souvenirgeschäfte, verführerisch duftende Bäckereien und ein Teegarten am Fuße des Galata-Turms. Sie alle laden zum Stöbern und Ausruhen ein. Und allmählich, je weiter man die Galip Dede Caddesi zur İstiklal Caddesi hinaufgeht, gibt es immer mehr Läden mit Musikinstrumenten (siehe S. 33). Die Straße des Galip Dede (Sufi-Meister aus dem 18. Jahrhundert) mit ihrem gemächlichen Alltagsleben mündet schließlich in den Anfang der quirligen İstiklal Caddesi.

DIE HISTORISCHE U-BAHN ERLEBEN

Aber erst noch einmal zurück nach unten. Denn wer es eilig hat und seine Kräfte fürs Shoppen und Erkunden aufsparen möchte, kann sich auch den Berg hinauffahren lassen – von der drittältesten U-Bahn der Welt. Sie wurde 1875 von französischen Ingenieuren erbaut. Die Bahn führt durch den Tünel vom Fuß des Galata-Hügels zur İstiklal Caddesi hinauf. Die 612 Meter lange Strecke mit einem Höhenunterschied von 62 Metern ist in wenigen Minuten überwunden.

EINKAUFEN UND GENIESSEN

Promenieren, entdecken, einkaufen: Die über drei Kilometer lange İstiklal Caddesi (ehemals Grand Boulevard de Péra) ist aber nicht nur die dynamischste und aufregendste Einkaufsstraße Istanbuls, sie hat auch kulinarisch einiges zu bieten. Hält man sich beim Tünel-Ausgang links und marschiert Richtung Pera-Palas-Hotel, hat man schnell das erste Meyhane dieses Spaziergangs erreicht, das »Meze by Lemon Tree«. Oder man geht am Restaurant vorbei und rechts die Asmalı Mescit Mahallesi hinauf – nach wenigen Schritten ist man mitten im Meyhane-Paradies mit den köstlichsten Meze.

Ein Schwenk nahe des Tünels führt an die Bosporusküste nach Karaköy zu den ehemaligen Docks, wo die Kreuzfahrt-Giganten anlegen. Selbst wenn man dem etwas morbiden Charme dieses Viertels nicht so viel abgewinnen kann, ein Ausflug dorthin lohnt sich, denn in der Kemankeş Caddesi finden sich neben einer berühmten Patisserie und einem Feinkostgeschäft auch ein hervorragendes Meze-Restaurant, das »Lokanta Maya«, das man sich nicht entgehen lassen sollte.

UNTERES BEYOĞLU IM ÜBERBLICK

Willkommen in Istanbul! Bei unserem ersten Spaziergang stürzen wir uns direkt ins Gewimmel und erkunden das alte, das untere Beyoğlu. Prunkvolle Paläste und Palast-Hotels in mehr oder weniger restauriertem Zustand prägen das Straßenbild ebenso wie hohe alte Wohnhäuser, kleine Moscheen, Gärten hinter schmuck verzierten Eisenzäunen und natürlich Katzen. Wohin man schaut, dösen sie auf Simsen und Mopedsitzen, schmücken zu einer Fellschnecke zusammengerollt Schaufensterauslagen oder lugen hinter Zäunen hervor. Dazwischen eilende Passanten, schlendernde Touristen, gelbe Taxis und kleine Lieferwagen, die sich hupend ihren Weg bahnen. Neben einzigartigen Geschäften gibt es viel Kulinarisches zu entdecken: Restaurants mit traditionellen und modernen Meze-Interpretationen und verlockende Adressen für einen kleinen Imbiss oder ein gemütliches Frühstück.

1 MEZE BY LEMON TREE

Traditionelle Meze kreativ und modern interpretiert
Mesrutiyet Cad. 83 B, Tepebaşı,
Tel.: 0212 252 83 02 | www.mezze.com.tr

2 ASMALI CAVİT

Perfekte Meze nach traditionellen Rezepten
Asmalı Mescit Cad. 16 D, Tünel | Tel.: 0212 292 49 50

3 REFİK RESTAURANT

Hier trifft sich die Istanbuler Bohème zu Rakı und Meze
Sofyalı Sok. 6, Tünel
Tel.: 0212 243 28 34 | www.refikrestaurant.com

4 LALE PLAK

Hörgenuss: Jazz- und Klassikplatten türkischer und internationaler Interpreten
Galip Dede Cad. 1, Tünel
Tel.: 0212 293 77 39
Montag bis Samstag von 9 bis 19.30 Uhr geöffnet

5 SOKAK KAHVESİ

Stärkung mit türkischem Kaffee und Wasserpfeife
Galip Dede Cad., Tramvay Sok. 3, Tünel
Täglich von morgens bis in die Nacht geöffnet

6 APONIA STORE

Ungewöhnliche Designer-T-Shirts
Galip Dede Cad. 101 A, Kuledibi | www.aponiastore.com
Montag bis Samstag von 10 bis 21 Uhr geöffnet

7 SENSUS WINE

Interessante Weine, vor allem von türkischen Erzeugern
Büyükhendek Cad. No 5, Kuledibi
Tel.: 0212 245 56 57 | www.sensuswine.com
Täglich von 10 bis 23 Uhr geöffnet

8 MANZARA GALERIE

Zeitgenössische Kunst, Kultursalon und Ferienappartements
Tatarbey Sok. 26 B, Galata
Tel.: 0212 252 46 60 | www.manzara-istanbul.com

9 NAMLI GURME

Delikatessengeschäft, Frühstückslokal, Imbissadresse
Rıhtım Cad., Katotopark Altı 1/1, Karaköy
Tel.: 0212 293 68 80-03 | www.namligida.com.tr

10 KARAKÖY GÜLLÜOĞLU

Bestes Börek, Baklava und Tee von früh bis spät
Rıhtım Cad., Katotopark Altı 3–4, Karaköy
Tel.: 0212 293 09 10 | www.karakoygulluoglu.com
Montag bis Freitag von 7 bis 23 Uhr; Samstag, Sonntag und Feiertage von 8 bis 23.30 Uhr geöffnet

11 LOKANTA MAYA

Kulinarische Überraschungen: traditionelle Zutaten neu kombiniert
Kemankeş Cad. 35 A, Karaköy
Tel.: 0212 252 68 84 | www.lokantamaya.com
Montag bis Samstag von 12 bis 17 Uhr und von 19 bis 23 Uhr geöffnet

12 İNEBOLU PAZARI

(auch Kastamonu Pazarı genannt)
Markt mit frischen Produkten vom Schwarzen Meer
Toprak Tabya Sok., Kasımpaşa
Nur sonntags von 6 bis 16 Uhr geöffnet

12
Toprak Tabya Sok.
Bahriye C
Fişekhane Deresi Cad.
Tarlabaşı Blv.
Hamalbaşı Cad.
Refik Saydam Cad.
Meşrutiyet Cad.
İstiklal Cad.
Boğazkesen Cad.
Tepebaşı Cad.
Asmalı Mescit Cad.
1
2
3
JAZZ
Tünel
4
5
Kumbaracı Yokuşu
Serdar-ı Ekrem Cad.
Galip Dede Cad.
Tatar Beyi Sok.
8
6
7
Lüleci Hendek Cad.
Refik Saydam Cad.
Okçu Musa Cad.
Tersane Cad
Galataturm
Galata Kulesi
Bankalar Cad.
THEY CALL IT CHAOS
WE CALL IT HOME
ISTANBUL
Kemeraltı Cad.
Necati Bey Cad.
Tünel
Karaköy
SINCE 1929
NAMLI
GURME
9
10
11
Kemankeş Cad.

meZe

1 MEZE BY LEMON TREE

Die Fliesenwand am Eingang in strahlendem Türkis, Licht, das am Abend von der Straße durch bunte Glasscheiben fällt, ein gemütlicher Raum mit dicht an dicht stehenden, weiß gedeckten Tischen, sparsamer Dekoration, das alles strahlt Harmonie aus und man fühlt sich sofort wohl. Gençay Üçok ist ein aufmerksamer Gastgeber, seine Meze gelten als die besten Istanbuls. Kein Wunder, dass Abend für Abend alle 38 Plätze besetzt sind und man tage- oder gar wochenlang vorher reservieren muss.

In einer kleinen Küche im Untergeschoss wird gekocht. Die rund 20 kalten Vorspeisen werden appetitlich und verheißungsvoll in einer Glasvitrine präsentiert. Warme Meze und Hauptgerichte kommen direkt aus der Küche. Gençay Üçoks besondere Liebe gehört den traditionellen Gerichten, den einheimischen Produkten, denen er eine kreative kulinarische Rundumbehandlung angedeihen lässt. Da wird nichts neu erfunden, aber variiert, abgewandelt, verfeinert, verfremdet. Auch Meze-Kenner sind von den kreativen Zusammenstellungen immer wieder überrascht.

İMAM BAYILDI

GEFÜLLTE AUBERGINEN

İmam Bayıldı heißt übersetzt »Der Imam fiel in Ohnmacht«. Der Überlieferung nach liebte ein Vorbeter dieses Gericht so sehr, dass ihm die Sinne schwanden, sobald ihn der aromatische Duft der fein gewürzten Auberginen in der Nase kitzelte.

Für 6 Personen
6 lange Auberginen
3 Zwiebeln
3 grüne Spitzpaprikaschoten
2 große Tomaten
3–4 Stiele Petersilie
2 EL Olivenöl
1 TL brauner Zucker
1 ½ EL säuerliche Korinthen *(Kuşüzümü)*
2 EL Pinienkerne
Salz
Pfeffer

AUSSERDEM:
ca. ¼ l Sonnenblumenöl zum Frittieren und Braten
säuerlicher Granatapfelessig *(Nar Ekşisi)*
Zitronenscheibenviertel und Minzeblätter *(Nane)* zum Garnieren

Zubereitung ca. 1 Std. | Garen ca. 15 Min.
Pro Portion ca. 260 kcal

1 Die Auberginen putzen, waschen und quer halbieren. Die Hälften schälen, dabei rundherum einen 1 cm breiten Rand zungeschält lassen. Etwa zwei Finger hoch Öl in einem Topf erhitzen und die Auberginenhälften darin rundherum in ca. 10 Min. hellbraun frittieren. Die Auberginen mit dem Schaumlöffel herausheben, auf Küchenpapier abtropfen lassen und nach Belieben zusätzlich Öl mit Küchenpapier abtupfen.

2 Die Zwiebeln schälen, halbieren und in Scheiben schneiden. Die Paprikaschoten längs halbieren, putzen, waschen und quer in schmale Streifen schneiden. Die Tomaten mit kochendem Wasser übergießen, häuten und halbieren. Die Stielansätze herausschneiden und die Tomaten in ca. 1 cm große Stücke schneiden. Die Petersilie waschen und trocken schütteln, die Blätter abzupfen und fein hacken.

3 Das Olivenöl in einer Pfanne erhitzen und die Zwiebeln darin hellbraun anbraten. Mit dem Zucker bestreuen und bei starker Hitze karamellisieren lassen. Paprikastreifen, Tomatenstücke und Petersilie dazugeben und unter Rühren in 5–7 Min. weich dünsten. Die Korinthen und die Pinienkerne hinzufügen, mit Salz und Pfeffer würzen. Den Backofen auf 250° vorheizen.

4 In jede Auberginenhälfte oben eine Tasche schneiden und die Füllung hineindrücken. Die gefüllten Auberginen mit der Füllung nach oben nebeneinander in eine ofenfeste Form legen und im Ofen (Mitte) in 10–15 Min. dunkelbraun backen. Zwischendurch eine Aubergine herausnehmen und die Flüssigkeit vom Boden über die Auberginen träufeln.

5 Die gefüllten Auberginen in der Form abkühlen lassen. Dann je 2 Auberginen auf einen Teller setzen, mit Granatapfelessig beträufeln und mit Zitronenscheibenvierteln und Minzeblättchen garnieren.

NOHUTLU LEVREK

SEEBARSCH MIT KICHERERBSEN UND KOHLRABIBLÄTTERN

Für 4 Personen
3 Zwiebeln
2 EL Sonnenblumenöl
1 TL Zucker
1 Lorbeerblatt
200 ml Fischfond (aus dem Glas)
1 Dose Kichererbsen (*Nohut;* 240 g Abtropfgewicht)
1 TL körniger scharfer Senf (ersatzweise Dijonsenf)
200 ml trockener Weißwein
8–10 zarte Bio-Kohlrabiblätter
Salz | Pfeffer
4 kleine Seebarschfilets (ca. 300 g; ohne Haut)

Zubereitung ca. 40 Min.
Pro Portion ca. 230 kcal

1 Die Zwiebeln schälen und in kleine Würfel schneiden. Das Öl in einem weiten Topf erhitzen und die Zwiebeln mit dem Zucker darin weich dünsten. Das Lorbeerblatt und den Fischfond hinzufügen und alles aufkochen. Die Kichererbsen in einem Sieb abtropfen lassen und mit dem Senf in den Topf geben. Alles offen ca. 10 Min. köcheln.

2 Den Wein angießen und die Kichererbsen weitere 10 Min. köcheln. Die Kohlrabiblätter waschen und trocken schütteln, in Streifen schneiden und 5–6 Min. mitgaren. Die Kichererbsen mit Salz und Pfeffer kräftig würzen.

3 Die Fischfilets waschen, trocken tupfen und jeweils in drei bis vier größere Stücke schneiden. Die Kichererbsen aufkochen und die Fischstücke unterheben. Erneut aufkochen lassen und die Fischstücke bei schwacher Hitze ohne Rühren in 5–6 Min. garen. Das Gericht warm oder lauwarm servieren.

KAYMAKLI MUHAMMARA

SAHNIGE TAHINCREME MIT NÜSSEN

Für 4 Personen
150 g *Kaymak* (dicke Sahne; ersatzweise Mascarpone)
60 g Sesammus *(Tahin)*
20 g scharfes, feines Paprikamark (*Acı Biber Salçası;* aus dem Glas)
20 g Walnusskerne
Salz
Pfeffer
1–2 TL Zitronensaft
1 TL flüssiger Honig

Zubereitung ca. 20 Min.
Pro Portion ca. 245 kcal

1 Die Sahne, das Sesammus und das Paprikamark in einer Schüssel cremig rühren. Die Walnusskerne mittelfein hacken und unterrühren.

2 Die Creme mit Salz und Pfeffer würzen. Den Zitronensaft und den Honig unterrühren. Die Creme in Portionsschalen füllen und vor dem Servieren kühl stellen.

VARIANTEN

Gençay Üçok wandelt das Rezept nach Lust und Laune ab. Anstelle der Walnüsse mischt er auch mal geröstete, gesalzene Mandeln unter die Creme. Oder er gibt fein gehackte Kräuter dazu, wie Berg-Oregano (ersatzweise Bohnenkraut) oder Thymian.

ŞAMAN BAYILDI

GEFÜLLTE PEPERONI MIT LACHSCREME

In Anlehnung an »İmam Bayıldı« (siehe S. 22), kreierte Gençay Üçok den »Şaman Bayıldı« (Der Schamane fiel in Ohnmacht). Er widmete das Gericht seinem Freund und Geschäftspartner Murat Hiçyılmaz, der den Roman »Ben, Şaman« (Ich, der Schamane) verfasste.

Für 6 Personen

12 kleine dunkelgrüne Grillpeperoni (möglichst gerade gewachsene Exemplare)
50 g Räucherlachs
100 g Schafskäse mit hohem Fettanteil (*Beyaz Peynir;* leicht cremig)
2 Frühlingszwiebeln
2–3 EL stichfester, säuerlicher Naturjoghurt
2 EL geröstete gesalzene Pistazienkerne
1 TL Dijonsenf
Salz
Pfeffer

AUSSERDEM:

ca. 200 ml Sonnenblumenöl zum Frittieren
kleine Paprikawürfel zum Garnieren (nach Belieben)
Pistazienkerne zum Garnieren (nach Belieben)

Zubereitung ca. 55 Min. | Gefrieren 30 Min. | Kühlen mind. 30 Min.
Pro Portion ca. 240 kcal

1 Die Peperoni waschen und trocken tupfen, auf einem Teller verteilen und im Tiefkühlgerät 30 Min. anfrieren lassen. Das Sonnenblumenöl in einem Topf auf 180° erhitzen – es hat die richtige Temperatur, wenn an einem Holzkochlöffelstiel, den man hineinhält, kleine Blasen aufsteigen. Eine Platte mit mehreren Lagen Küchenpapier auslegen.

2 Die angefrorenen Peperoni portionsweise 10–20 Sek. frittieren, bis die Haut Blasen wirft (Vorsicht, es spritzt dabei stark!). Mit dem Schaumlöffel herausheben und auf dem Küchenpapier abtropfen und abkühlen lassen.

3 Die Stiele der Peperoni abschneiden und mit dem kleinen Finger vorsichtig die Kerne aus den Schoten entfernen. Die Peperoni mit einem spitzen Messer häuten.

4 Den Lachs fein hacken, den Schafskäse fein zerkrümeln. Die Frühlingszwiebeln waschen, putzen und ebenfalls fein hacken. Lachs, Schafskäse, Frühlingszwiebeln und Joghurt in einer Schüssel zu einer Creme verrühren. Die Pistazienkerne untermischen und mit Senf, Salz und Pfeffer würzen.

5 Die Lachscreme in einen Einweg-Spritzbeutel ohne Tülle füllen und die Spitze abschneiden (so groß, dass die Pistazienkerne durchpassen). Die Peperonischoten mit der Lachscreme füllen. Die gefüllten Peperoni mindestens 30 Min. kalt stellen. Vor dem Servieren nach Belieben mit kleinen Paprikawürfeln und Pistazienkernen garnieren.

② ASMALI CAVİT MEYHANESİ

Die Asmalımescit Caddesi ist für ihre vielen Meyhanes (Lokale) bekannt. Eins sieht aus wie das andere – meint man. Doch Insider wissen, dass sich darunter eine Perle befindet, das »Asmalı Cavit Meyhanesi«. Kritische Istanbuler Genießer schätzen es, dass Cavit Saatçi, der Besitzer, konsequent auf Originalität, Qualität und Geschmack seiner Meze achtet.

Die Gasträume erstrecken sich über zwei Stockwerke und sind jeden Abend bis auf den letzten Platz besetzt; eine Reservierung ist empfehlenswert. Im Erdgeschoss fallen zuerst die an der Wand gestapelten Weinflaschen auf – das Asmalı Cavit war bis 2010 ein Weinlokal. Auf dem Weg ins Obergeschoss kommt man an der kleinen Küche vorbei, in der Chefkoch Bahtiyar Gürel mit seiner Mannschaft frische Zutaten einfach, aber besonders sorgfältig verarbeitet. Highlights seiner Küche sind Gemüse-Meze und Fleischgerichte, etwa die besonders kleinen Fleischbällchen (Köfte), und natürlich Feines vom Fisch, wie dicke Scheiben gegrillter Bonito.

Die Fenstertüren im Obergeschoss stehen weit offen und geben den Blick frei auf den mit Geranien geschmückten Balkon. Bilder und Poster aus der Istanbuler Kultur- und Kunstszene schmücken die Wände der großzügigen Räume.

BÖRÜLCE SALATASI

SALAT AUS AUGENBOHNEN

Für 4 Personen

200 g getrocknete weiße Augenbohnen
Salz
2 Möhren
1 rote Spitzpaprikaschote
2 grüne Peperonischoten (mild oder scharf)
70 g grüne Oliven mit Paprikafüllung
¼ Bund Petersilie
2–3 Stiele Berg-Oregano (*Kekik*; ersatzweise Bohnenkraut)
4–6 EL Weißweinessig
4 EL sehr gutes Olivenöl
Pfeffer

Zubereitung ca. 25 Min. | Einweichen ca. 12 Std. | Garen ca. 50 Min. | Durchziehen ca. 1 Std.
Pro Portion ca. 195 kcal

1 Am Vortag die Bohnen über Nacht in kaltem Wasser einweichen. Am nächsten Tag in ein Sieb abgießen. In einem Topf mit Wasser bedecken und mit 2 EL Salz in ca. 45–50 Min. weich kochen. In ein Sieb abgießen und abkühlen lassen.

2 Die Möhren putzen, schälen, längs vierteln und in ½ cm große Stücke schneiden. Mit ½ TL Salz in einen Topf geben und knapp mit Wasser bedeckt in 5–7 Min. bissfest kochen. Abgießen und abkühlen lassen.

3 Paprika und Peperoni längs halbieren, putzen und waschen. Paprika in 1 cm große Stücke, Peperoni in schmale Streifen schneiden, die Oliven in dicke Scheiben schneiden. Kräuter waschen und trocken schütteln, Blätter abzupfen und fein hacken.

4 Essig, Olivenöl, Salz und Pfeffer zu einer Vinaigrette verrühren und mit den vorbereiteten Zutaten in einer Schüssel mischen. Den Salat zugedeckt ca. 1 Std. durchziehen lassen. Vor dem Servieren mit Essig, Salz und Pfeffer abschmecken.

TOPİK

ARMENISCHE KICHERERBSEN-PÄCKCHEN

Für 8 Personen

FÜR DIE KICHERERBSENMASSE:

300 g getrocknete Kichererbsen *(Nohut)* | Salz
150 g Sesammus *(Tahin)*
¼ TL Zucker

FÜR DIE FÜLLUNG:

400 g Zwiebeln | 1 EL Sonnenblumenöl
50 g Pinienkerne
50 g säuerliche Korinthen *(Kuşüzümü)*
150 g Sesammus *(Tahin)*
Salz | ¼ TL Zucker | 1 TL Zimtpulver

AUSSERDEM:

Zimtpulver zum Anrichten

Zubereitung ca. 1 Std. | Einweichen 12 Std. | Garen ca. 1 Std.
Pro Portion ca. 345 kcal

1 Am Vortag die Kichererbsen über Nacht in kaltem Wasser einweichen. Am nächsten Tag in ein Sieb abgießen. In einem Topf mit Wasser bedecken und mit 2 EL Salz in ca. 1 Std. weich kochen. In ein Sieb abgießen und etwa ein Drittel des Wassers auffangen. Kichererbsen und etwas Kochwasser mit dem Stabmixer fein pürieren. Sesammus, Salz und Zucker unterrühren.

2 Für die Füllung die Zwiebeln schälen, halbieren und in Scheiben schneiden. Öl in einer Pfanne erhitzen und die Zwiebeln darin goldbraun braten. Pinienkerne, Korinthen und Tahin untermischen. Die Masse mit Salz, Zucker und Zimt würzen.

3 Auf jeweils 1 Bogen Frischhaltefolie ca. 2 EL Kichererbsenmasse mit angefeuchteten Händen zu einem Kreis von ca. 12 cm Durchmesser verstreichen. 1 EL Füllung in die Mitte geben und die Kichererbsenmasse mithilfe der Folie über die Füllung schlagen, sodass rechteckige Päckchen entstehen. Die Päckchen jeweils in die Folien wickeln und kühl stellen. Vor dem Servieren aus den Folien lösen und mit Zimtpulver bestreut servieren.

YOĞURTLU SEMİZOTU

JOGHURT MIT PORTULAK

Für 4 Personen
700 g stichfester, säuerlicher Naturjoghurt
1 kleine Knoblauchzehe
Salz
Pfeffer
1 Bund Portulak (ca. 200 g)

Zubereitung ca. 20 Min. |
Abtropfen ca. 30 Min.
Pro Portion ca. 115 kcal

1 Ein Sieb (am besten ein Spitzsieb) mit einer großen Kaffeefiltertüte auskleiden und den Joghurt darin ca. 30 Min. über einer Schüssel abtropfen lassen.

2 Den Joghurt in eine Schüssel geben. Den Knoblauch schälen und durch die Knoblauchpresse zum Joghurt drücken. Gut verrühren und mit Salz und Pfeffer würzen.

3 Den Portulak waschen, trocken schütteln und die dicken Stielenden entfernen. Einige schöne Blättchen beiseitelegen. Den restlichen Portulak in ca. 2 cm große Streifen schneiden, zum Joghurt geben und vorsichtig unterheben. Den Joghurt auf Teller verteilen und mit Portulakblättchen garniert servieren.

Zildjian

YAMAHA

FREE FOR ALL
ART BLAKEY
Art Pepper meets
The Rhythm Section
JAZZ

MUSIK IN ISTANBUL

Ob im Taxi oder im Straßencafé, im Bus oder in einer Basarstraße – türkische Musik ist in Istanbul allgegenwärtig. Sie gehört einfach zum Leben, zum Lebensgefühl. Und jeder aus dem Völkermix der Millionenstadt findet sich in einer dieser Melodien wieder. Istanbuls Musik ist eine Art Weltmusik verschiedener Völker und Kulturen. Besonders präsent ist sie in Beyoğlu.

MITREISSEND & MELANCHOLISCH

Die Zuwanderer schenkten der quirligen, ehrwürdigen, geliebten und unfassbaren Stadt über Jahrhunderte ihre Klänge und Lieder. Aus der Zeit der Osmanen stammt die getragene klassische Orchestermusik, die meist im Fernsehen mit bekannten Sängerinnen und Sängern vorgetragen wird. Die wehmütigen Klänge der Ney (Rohrflöte) sowie Trommeln begleiten die tanzenden Derwische bei ihren mystischen Tänzen.

Die von Liebe, Freude und Schmerz geprägten Volkslieder werden in den Meyhane in der Çiçek Pasajı und der Nevizade Caddesi zu fortgeschrittener Stunde bei Rakı, Wein und Meze gesungen. Nicht zu vergessen die musizierenden, seit Jahrhunderten in Istanbul ansässigen Roma. Mit Handtrommeln (Darbuka), Geigen (Keman) und Klarinetten (Klarinet) ziehen sie abends in den Fischlokalen am Bosporus von Tisch zu Tisch. Ihre Instrumente erklingen auch zu Festlichkeiten wie Hochzeiten oder Beschneidungen.

Und natürlich ist auch Pop-Musik präsent, ihre gefeierten Göttinnen und Götter – wie Sezen Aksu und Tarkan – füllen regelmäßig die großen Konzertarenen.

KLASSIK – TÜRKISCH INSPIRIERT

Als Janitscharen (Soldaten der Sultane) kostümierte Musiker marschieren an Feiertagen mit Schellenbaum, Blechbläsern und Pauken über den Sultanahmet-Platz. Von ihrer Musik alla turca ließen sich Haydn, Mozart, Beethoven und Dave Brubeck inspirieren.

Der Hamburger Filmemacher Fatih Akın und der Musiker Alexander Hacke setzten ihrer Lieblingsstadt mit einem Album ein Klang- und Bilderdenkmal: »Crossing the Bridge, the Sound of Istanbul». Der Bildband mit beigelegten CDs ruft Erinnerungen wach und entführt auf einen Kurzurlaub nach Istanbul.

INSTRUMENTE, INSTRUMENTE …

Auf der Galip Dede Caddesi in Richtung Galata-Turm sind die zahlreichen Läden mit Musikinstrumenten nicht zu übersehen. Ob für die traditionelle Musik der Türkei, des Balkans, des Kaukasus, der arabischen Welt, ob für internationale Klassik, Jazz, Pop oder für elektronische Musik, hier werden Profi- und Hobbymusiker garantiert fündig. Obwohl ein Großteil des Angebots aus dem Ausland kommt – aus Tschechien und Ungarn –, entstehen in kleinen Handwerksbetrieben in Hinterhöfen noch immer kunstvoll gedrechselte Flöten oder von Hand getriebene Cymbals (Messingbecken), die das Herkunftszeichen Istanbul oder Bosporus tragen.

4 LALE PLAK

Hinter einer eher unscheinbaren Fassade in der Galip Dede Caddesi 1 finden sich in einem kleinen Lädchen mit mehreren Lager-Stockwerken an die 10 000 Musik-Scheiben – CDs und Schallplatten. Das »Lale Plak« (Tulpen-Schallplatte) ist die angesagteste Musikadresse nicht nur in Istanbul. Das scheinbar unerschöpfliche Angebot entwickelte sich aus einem 1954 von den Brüdern İbrahim und Yusuf Atala gegründeten Schreibwaren- und Zeitschriftenladen, den sie Ende der 70er-Jahre um Schallplatten erweiterten. Seit 1987 führt in zweiter Generation Hakan Atala das Lale Plak. Mit dem großen Angebot an türkischer und europäischer Klassik, Jazz, Weltmusik und mystischen Klängen wurde es auch zum Mekka ausländischer Musikliebhaber und -kenner.

TANZENDE DERWISCHE

Im Mevlevihanesi auf der Galip Dede Caddesi (benannt nach dem Sufi-Scheich Galip Dede), ein paar Häuser vom Lale-Plak-Musikgeschäft entfernt, kann man spirituelle türkische Musik kennenlernen. In dem ehemaligen Kloster ist jetzt ein Museum, in dem man Interessantes rund um einen der größten Sufi-Orden, den Mevlana-Orden, erfährt. Sonntags um 17 Uhr kann man hier den tanzenden Derwischen zuschauen, wie sie sich zu den meditativen Klängen der Ney (Rohrflöte) unablässig drehen.
Galata Mevlevihanesi
Galip Dede Caddesi 15, Tünel
www.galatamevlevihanesimuzesi.gov.tr

③ REFİK RESTAURANT

Als Refik Arslan 1938 von Rize am Schwarzen Meer nach Istanbul kam, begann er als Tellerwäscher. Doch bald schon stieg er zum Koch auf und 1954 eröffnete er sein »Refik Restaurant« in Beyoğlu. Heute wird das international geschätzte Restaurant in der zweiten Generation von seinem Neffen erfolgreich weitergeführt.

Die Speisekarte nennt alle klassischen Vorspeisen, die zu einem geselligen Abend mit Rakı oder Wein gehören, aber auch ungewöhnliche Fisch-Meze wie Lakerda (gebeizter Bonito mit rohen, roten Zwiebelringen und Petersilie) oder Çiroz-Filets (luftgetrocknete magere Makrelenfilets) mit Öl und Zitronensaft beträufelt und mit Dill bestreut.

Eine Galerie gerahmter Fotos und Zeitungsausschnitte bedeckt die Wände der beiden Gasträume des Refik Restaurants. In der »Republikecke« schauen aus Fotografien der Staatsgründer Kemal Atatürk und sein Nachfolger İsmet İnönü den Gästen beim Essen zu. In der »Freundschaftsecke« sind Abidin Dino, ein berühmter Maler, und Aziz Nesin, einer der größten Schriftsteller des Landes, verewigt. Gespeist wird bei türkischer Musik und im Sommer bei weit geöffneten Fenstern.

KÖPOĞLU

GEBRATENE AUBERGINEN IN JOGHURT

Für 6 Personen

FÜR DIE AUBERGINEN:

700 g stichfester, säuerlicher Naturjoghurt
700 g kleine Auberginen
Salz
200 ml Olivenöl
2 Knoblauchzehen

FÜR DIE TOMATENSAUCE:

1 Schalotte
1 EL Olivenöl
400 g passierte Tomaten (aus dem Tetrapak)
Salz | Pfeffer

Zubereitung ca. 1 Std.
Pro Portion ca. 415 kcal

1 Für die Auberginen ein Sieb (am besten ein Spitzsieb) mit einer großen Kaffeefiltertüte auskleiden und den Joghurt darin ca. 30 Min. über einer Schüssel abtropfen lassen.

2 Für die Tomatensauce die Schalotte schälen, würfeln und im Olivenöl glasig dünsten. Die Tomaten dazugeben und 10 Min. köcheln lassen. Mit Salz und Pfeffer würzen, abkühlen lassen.

3 Die Auberginen putzen, waschen und längs im Abstand von 1 cm dünne Streifen abschälen. Auberginen in ca. 2 cm dicke Stücke schneiden, mit 1 TL Salz mischen und 5–10 Min. Wasser ziehen lassen. Ausdrücken und trocken tupfen. Olivenöl erhitzen und die Auberginen portionsweise darin goldbraun braten. Auf Küchenpapier abtropfen lassen.

4 Den Knoblauch schälen. Joghurt in eine Schüssel geben und den Knoblauch durch die Knoblauchpresse dazudrücken, untermischen und leicht salzen. Joghurt und Auberginen abwechselnd in eine Schale schichten. Die Tomatensauce daraufgeben.

ACILI EZME

SCHARFE PASTE MIT TOMATEN UND PAPRIKA

Die schärfsten Paprikaschoten der Türkei kommen aus dem heißen Südosten Anatoliens, aus der Region von Urfa und Gaziantep. Sie machen nicht nur Kebaps feurig, sondern auch diese köstliche Paste. Ganz so scharf wie dort ist sie hier allerdings nicht gewürzt.

Für 4 Personen
750 g Tomaten
1 große rote Spitzpaprikaschote (ca. 125 g)
½ Bund Petersilie
5–10 Stiele Minze *(Nane)*
3 Frühlingszwiebeln
1 kleine Knoblauchzehe
1 EL scharfes Paprikamark (*Acı Biber Salçası;* aus dem Glas)
2 EL Olivenöl
2–3 EL Zitronensaft
Salz
Pfeffer
1–2 TL getrocknete Chiliflocken *(Pul Biber;* nach Belieben)

Zubereitung ca. 35 Min.
Pro Portion ca. 95 kcal

1 Die Tomaten mit kochendem Wasser überbrühen, häuten, halbieren, die Kerne und die Stielansätze entfernen. Das Fruchtfleisch fein hacken.

2 Die Spitzpaprikaschote längs halbieren, putzen und waschen. Die Hälften zuerst in Streifen, dann in Würfel schneiden und zum Schluss fein hacken. Tomaten und Paprika in einem feinen Sieb ca. 10 Min. abtropfen lassen. Die restliche Flüssigkeit vorsichtig ausdrücken.

3 Die Kräuter waschen und trocken schütteln, die Blätter abzupfen und fein hacken. Die Frühlingszwiebeln putzen und waschen, in Ringe schneiden und ebenfalls fein hacken.

4 Das Gemüse und die Kräuter in eine Schüssel geben. Den Knoblauch schälen und durch die Knoblauchpresse dazudrücken. Paprikamark, Olivenöl und Zitronensaft hinzufügen und alles zu einer geschmeidigen Paste verrühren. Mit Salz, Pfeffer und nach Belieben mit Chiliflocken scharf abschmecken. Die Paste vor dem Servieren mindestens 1 Std. kühl stellen.

HOT CROSTINI

Für einen scharfen, appetitanregenden Starter pro Person 2 kleine Baguettescheiben auf ein mit Backpapier ausgelegtes Backblech legen. Mit 3 EL Olivenöl beträufeln und im 200° heißen Backofen in 5–8 Min. goldbraun rösten. Die Brotscheiben aus dem Ofen nehmen und mit scharfer Paste bestreichen. Die warmen Brote zum Aperitif servieren, etwa zu einem gut gekühlten trockenen türkischen Weißwein oder einem trockenen spanischen Sekt.

ZEYTİNYAĞLI PAZI

MANGOLD IN OLIVENÖL

Für 4 Personen
3 getrocknete milde rote Paprikaschoten (*Kuru Patlıcan*; ersatzweise 3 getrocknete Tomaten ohne Kerne)
700 g grüner oder roter Mangold mit dünnen Stielen
1 Zwiebel
2 Knoblauchzehen
4 EL Olivenöl
1 TL edelsüßes Paprikapulver
Salz
Pfeffer
½ – 1 TL Chiliflocken (*Pul Biber;* nach Belieben)
100 g stichfester, säuerlicher Joghurt

Zubereitung ca. 45 Min.
Pro Portion ca. 175 kcal

1 Die Paprikaschoten in einer Schüssel mit warmem Wasser ca. 10 Min. einweichen. Den Mangold putzen, waschen, trocken schütteln und quer in 2 – 3 cm große Streifen schneiden. Die Zwiebel schälen und in Würfel schneiden. Den Knoblauch schälen und fein hacken. Die getrockneten Paprikaschoten trocken tupfen und in kleine Stücke schneiden.

2 Das Olivenöl in einer großen Pfanne erhitzen. Zwiebel, Knoblauch und getrocknete Paprika darin andünsten. Den Mangold hinzufügen und zugedeckt etwa 15 Min. mitdünsten.

3 Das Gemüse mit Paprikapulver, Salz, Pfeffer und nach Belieben mit Chiliflocken würzen. Die Flüssigkeit offen 5 – 10 Min. einkochen lassen. Das Gemüse abkühlen lassen und vor dem Servieren mit Salz und Pfeffer abschmecken. Auf Teller verteilen und je 1 Klecks glatt gerührten Joghurt daraufgeben.

HAYDARİ

JOGHURTPASTE MIT SCHAFSKÄSE UND KRÄUTERN

Für 4 Personen
500 g säuerlicher, stichfester Joghurt
100 g Schafskäse *(Beyaz Peynir)*
2 Knoblauchzehen
1 EL gehackte Petersilie
1 EL gehackter Dill
½ TL getrocknete Minze *(Nane)*
½ – 1 TL getrocknete Chiliflocken *(Pul Biber)*
Salz

Zubereitung ca. 30 Min. | Durchziehen ca. 1 Std.
Pro Portion ca. 140 kcal

1 Ein Sieb (am besten ein Spitzsieb) mit einer großen Kaffeefiltertüte auskleiden und den Joghurt darin ca. 30 Min. über einer Schüssel abtropfen lassen.

2 Den Schafskäse mit einer Gabel fein zerdrücken und in eine Schüssel geben. Die Knoblauchzehen schälen und durch die Knoblauchpresse zum Schafskäse drücken. Kräuter und abgetropften Joghurt dazugeben und alles vermischen. Das Haydari mit etwas Salz und Chiliflocken würzen und vor dem Servieren ca. 1 Std. im Kühlschrank durchziehen lassen.

5 SOKAK KAHVESİ

Alt und Jung sitzen hier von frühmorgens bis in die Nacht hinein auf der Straße – auf kleinen Schemeln oder auf Polstern aus Kaffeesäcken –, trinken Tee oder Kaffee und rauchen dazu Nargile (Wasserpfeife). Das »Sokak Kahvesi« ist ein Ort zum Abschalten, hier fühlt man sich als Teil von Istanbul. Unbedingt probieren: türkischen Kaffee mit Mastix, einem Baumharz von der griechischen Insel Chios mit angenehm harzigem Geschmack.

6 APONIA STORE

In dem Design- und Coffee-Shop kann man bei einer Tasse Kaffee oder Tee relaxen und hautnah die junge, kreative Szene Istanbuls erleben. Es lohnt sich, hier nach ungewöhnlichen Souvenirs wie Postern, Taschen und Aufklebern zu stöbern. Das »Aponia« bedruckt außerdem T-Shirts mit originellen Istanbul-Grafiken und Sprüchen – auch die türkische Gesellschaft und Justiz werden aufs Korn genommen.

7 SENSUS WINE

Ein Glas Wein als Aperitif oder Digestif? Hier bietet sich das »Sensus« ganz in der Nähe des Galata-Turms an. Die Auswahl an qualitätvollen türkischen und ausländischen Weinen ist imposant. Man kann in der Bar ein Glas Wein trinken und gleich ein paar Flaschen einkaufen. Eine gute Adresse für alle, die im Ferien-Appartement den Abend bei einem Glas Wein ausklingen lassen möchten oder ein kulinarisches Mitbringsel suchen.

8 MANZARA

Die kleine Galerie mit Werken zeitgenössischer türkischer und deutscher Künstler wird von dem Architekten Erdoğan Altındiş und seiner Frau Gabi geführt. Die beiden gehörten zu den ersten, die verwahrloste Altbauten zu geschmackvollen Appartments umbauten und das Galata-Viertel so allmählich zum Leben erweckten. Ihr neuestes Projekt: ein Salon in der İstiklal Caddesi für Kulturaustausch, mit Workshops und Kochkursen.

9 NAMLI GURME

Hier bleibt kein Frühstückswunsch offen! Am besten sichert man sich zuerst einen Platz – drinnen oder draußen – und gibt dann an der Theke bei den zuvorkommenden Angestellten seine Bestellung auf. Man hat die Wahl zwischen diversen Käse- und Wurstsorten, delikaten Salaten, ofenfrischem Brot, feinen Konfitüren, Müsli, Früchten, Honigwaben mit Kaymak (dicke Sahne) … Auch kalte Meze stehen bereit.

Bei einem ausgedehnten türkischen Frühstück darf am Wochenende Sucuklu Yumurta (gebratene Knoblauchwurst) oder Pastırma (würziges Trockenfleisch) mit Eiern nicht fehlen. Und natürlich gehören Oliven dazu, von denen es im »Namlı« rund 30 verschiedene Sorten gibt. Wer Lust auf Fisch hat, kann zwischen Lachs und Oktopus, eingelegtem Bonito oder Shrimps wählen. Dann noch die Getränke bestellen und die Köstlichkeiten werden nach kurzer Zeit an den Tisch gebracht.

DELIKATESSEN ZUM MITNEHMEN

Am Wochenende dehnen in diesem Schlaraffenland nicht wenige Besucher ihr Frühstück bis zum Nachmittag aus. Noch ein Stück Schokoladentorte, und sie treten rundum zufrieden – und meistens vollbepackt – den Heimweg an. Denn im Namlı ist nicht nur das Frühstück einzigartig. Hier gibt es auch einen spannenden Delikatessen-Markt mit einem riesigen Angebot an türkischer und internationaler Feinkost.

In diesem Frühstücks- und Feinkosttempel fehlt es wirklich an nichts. Hat man Fragen zu den Produkten, findet sich immer jemand, der etwas erklären kann.

⑩ KARAKÖY GÜLLÜOĞLU

Nahe den Schiffsanlegestellen von Karaköy ist das »Güllüoğlu« zu finden, wo es das beste Baklava Istanbuls gibt. Das Geschäft liegt ebenerdig in der Kemankeş Caddesi. Steht man davor, wird der Blick aber erst einmal abgelenkt von dem großen Parkhaus, das darüberliegt.

Das Güllüoğlu ist eine Institution, gegründet 1949. Aus Südostanatolien, der Baklava-Hochburg Gaziantep, hatte sich einst ein Spross der Güllüoğlu-Familie auf den Weg an den Bosporus gemacht und in Karaköy sein Geschäft mit Baklava aller Art eröffnet.

DEN BAKLAVA-BÄCKERN ZUSEHEN

Nicht weit vom Ladengeschäft entfernt befindet sich die Manufaktur (Mumhane Caddesi 171), in der der Teig für die köstliche Baklava hergestellt wird. Hier kann man zusehen, wie versierte Bäcker Teigschicht für Teigschicht hauchdünn ausrollen und mit verschiedenen geriebenen Nusssorten weiterverarbeiten.

Wie viele Teigschichten zu einem ordentlichen Baklava gehören, darüber streiten sich die Geister. Zu Sultanszeiten sollen es bis zu 50 Schichten gewesen sein. Bis heute wird Baklava mit Wal- oder Haselnüssen, mit Pistazien und/oder Creme gefüllt, mit Zuckersirup getränkt und in Quadrate geschnitten. Sie ist übrigens nicht so süß, wie man immer behauptet.

Die verschiedenen Baklava-Varianten stehen auf Blechen bereit – zum Mitnehmen oder zum Genießen vor Ort. Besonders köstlich sind die grünen Fıstıklı Gelin Bohçası, kleine mit Pistazien gefüllte Kreationen.

HERZHAFTES BÖREK ALS KONTRAST

Wie viele andere Baklava-Bäckereien hat auch das Güllüoğlu Herzhaftes im Angebot: Suböreği (warme Nudelteigpasteten mit Schafskäsefüllung) und Kolböreği (Teigpasteten mit Käse-, Hackfleisch- oder Spinatfüllung), beides ein idealer Lunch mit Tee oder Ayran.

11 LOKANTA MAYA

Didem Şenols Mücver (krosse Zucchiniballchen) sind so beliebt, dass sie das Rezept in Türkisch und Englisch auf einen Spiegel im Gastraum schrieb. Schnell eroberte die Istanbulerin eine begeisterte, vorwiegend junge Kundschaft. Vor ihrer gastronomischen Karriere ließ sich Didem Şenol internationalen Wind um die Nase wehen. Sie studierte am French Culinary Institute in Manhattan und arbeitete in führenden New Yorker Restaurants.

FRISCHE MITTELMEERKÜCHE

Zurück in der Türkei ließ sie sich von der Küche der Ägäis und des Mittelmeers, von Kräutern und Gemüse, lokalen Käsesorten und feinem Olivenöl zu ihrer frischen, saisonalen Küche inspirieren. Vom Schwarzen Meer kommen die Hamsi, die von den Istanbulern über alles geliebten kleinen Sardellen, die selbstverständlich auch auf der Karte des »Lokanta Maya« stehen.

Schon ein Jahr nach der Eröffnung des Lokals wurde Didem Şenol zur besten Köchin Istanbuls ernannt. Wer einen Abend im Maya verbringt, darf sich sicher sein, dass er ungewöhnliche Meze erlebt, etwa sanften Ziegenkäse mit feuerroter süßscharfer Peperoni-Marmelade (siehe S. 50) – einfach köstlich!

Nicht nur das, was aus der Küche kommt, ist einzigartig. Auch der Gastraum hat eine ganz besondere Atmosphäre: Die Einrichtung ist skandinavisch inspiriert, eine Wand ist mit feinem Draht bespannt und komplett hinter Walnüssen verschwunden, Gewürze und bizarre Wurzeln dienen als Deko, und nicht zuletzt machen die erd- und türkisfarbenen Keramiken von Mehmet Kutlu das Lokal zu einem universellen Genießerort.

Keramiken von Mehmet Kutlu in der MK Galerie
Faik Paşa Caddesi 25/27, Çukurcuma Beyoğlu
www.mehmetkutlu.com

MÜCVER

KROSS GEBRATENE ZUCCHINIBÄLLCHEN

Gelungene Mücver sind außen kross und innen schön weich, eine Kunst, die der Koch Müdahir Akdağ, der Didem Şenol zur Seite steht, perfekt beherrscht. Die saftigen Bällchen sind so begehrt, dass sie täglich auf der Karte stehen.

Für 4 Personen

FÜR DIE ZUCCHINIBÄLLCHEN:

1 kg Zucchini (vorzugsweise eine hellgrüne türkische Sorte mit dünner Schale)
Salz
je 1 Bund Petersilie und Dill
1 Bund Frühlingszwiebeln
4 Eier
150 g Schafskäse *(Beyaz Peynir)*
200 g Mehl
Pfeffer

FÜR DEN DIP:

250 g griech. Naturjoghurt (10 %)
Salz
½ TL gemahlener Koriander

AUSSERDEM:

Fındık Yağı (geschmackneutrales Haselnussöl; ersatzweise Sonnenblumenöl) zum Ausbacken

Zubereitung ca. 50 Min. |
Ziehen lassen ca. 30 Min.
Pro Portion ca. 515 kcal

1 Für die Zucchinibällchen die Zucchini putzen, waschen und auf einer groben Reibe in eine große Schüssel raspeln. 1 TL Salz untermischen und die Zucchini 30 Min. Wasser ziehen lassen.

2 Für den Dip den Joghurt mit Salz und Koriander cremig rühren und in Portionschälchen geben.

3 Die Kräuter waschen und trocken schütteln, die groben Stiele entfernen und den Rest fein hacken. Die Frühlingszwiebeln putzen, waschen und ebenfalls fein hacken.

4 Die Zucchiniraspel in ein Sieb geben und gut ausdrücken. Dann in einer Schüssel mit den Kräutern, Frühlingszwiebeln und Eiern mischen. Den Schafskäse fein zerkrümeln und mit dem Mehl unter die Zucchinimasse mischen. Den Teig mit Salz und Pfeffer würzen.

5 In einer kleinen Pfanne oder einem kleinen Topf etwa zwei Finger hoch Öl auf 180° erhitzen – es hat die richtige Temperatur, wenn an einem Holzkochlöffelstiel, den man hineinhält, kleine Blasen aufsteigen. Mit einem Esslöffel Nocken vom Zucchiniteig abstechen, in das heiße Öl geben und rundherum goldbraun backen. Die Zucchinibällchen auf Küchenpapier abtropfen lassen und noch heiß mit dem Dip servieren.

HAMSİ

FRITTIERTE SARDELLEN MIT ANCHOVIS-DIP

Für 4 Personen

FÜR DEN DIP:

6 Anchovisfilets (in Salz eingelegt)
2 EL Mayonnaise
4 EL Olivenöl | 1 EL fein gehackter Dill
einige Spritzer Zitronensaft

FÜR DIE SARDELLEN:

750 g frische Sardellen
150 g feines Maismehl | Salz

AUSSERDEM:

Fındık Yağı (geschmackneutrales Haselnussöl; ersatzweise Sonnenblumenöl) zum Frittieren

Zubereitung ca. 1 Std. 25 Min.
Pro Portion ca. 425 kcal

1 Für den Dip die Anchovisfilets waschen und trocken tupfen, klein schneiden und in einen hohen Rührbecher geben. Mayonnaise und Olivenöl hinzufügen und alles mit dem Stabmixer zu einem glatten Dip aufschlagen. Den Dill unterrühren, den Dip mit Zitronensaft abschmecken und kühl stellen.

2 Für die Sardellen die Fische waschen und trocken tupfen, die Bauchseiten aufschneiden, die Innereien entfernen und die Köpfe abschneiden. Die Sardellen aufklappen und mit den Fingern jeweils das Rückgrat und die damit verbundenen Gräten vom Kopf her so abziehen, dass die Filets verbunden bleiben. Die aufgeklappten Filets mit Maismehl bestäuben.

3 Das Öl in einem Topf oder einer Pfanne auf 180° erhitzen – es hat die richtige Temperatur, wenn an einem Holzkochlöffelstiel, den man hineinhält, kleine Blasen aufsteigen. Die Sardellen im Öl portionsweise knusprig ausbacken. Auf Küchenpapier abtropfen lassen und noch heiß mit dem Dip servieren.

KADAYIF'TA BEYAZ PEYNİR

FADENTEIGPÄCKCHEN MIT SCHAFSKÄSE

Für 4 Personen
150 g Fadenteig (*Kadayıf*; aus dem Kühlregal)
100 g Schafskäse *(Beyaz Peynir)*
4 TL flüssiger Honig (z. B. Pinien- oder Lavendelhonig)
einige Blättchen Berg-Oregano (*Kekik;* ersatzweise Bohnenkraut) zum Garnieren

Zubereitung ca. 30 Min.
Pro Portion ca. 200 kcal

1 Den Fadenteig auf der Arbeitsfläche auslegen, mit einem leicht angefeuchteten Tuch bedecken und 10 Min. ruhen lassen. Ein Backblech mit Backpapier auslegen. Den Schafskäse in 8 Würfel schneiden. Den Backofen auf 200° vorheizen.

2 Den Teig auf der Arbeitsfläche zu einer gleichmäßigen Schicht von ca. 48 × 14 cm ausbreiten. Den Teig in 8 gleich große Stücke von ca. 12 × 7 cm schneiden. In die Mitte jedes Stücks 1 Schafskäsewürfel legen und die Teigecken zur Mitte hin einklappen, sodass quadratische Päckchen entstehen.

3 Die Teigpäckchen mit den Nähten nach unten auf das Backblech legen und im Ofen (Mitte) in 8–10 Min. goldbraun und knusprig backen. Die Teigpäckchen sofort auf Teller verteilen, mit etwas Honig beträufeln und mit Berg-Oregano-Blättchen garniert servieren.

TULUM PEYNİRİ EZMESİ VE ACILI BİBER REÇELİ

ZIEGENKÄSENOCKEN MIT PEPERONI-MARMELADE

Peperoni-Marmelade ist einfach traumhaft, vorausgesetzt die Schärfe der Peperonis ist gut gewählt. Die Schoten sollten spürbar scharf schmecken, aber nicht zu scharf. Auch zu Gorgonzola, Pecorino und altem Gouda ist die Marmelade ein Gedicht.

Für 6 Personen

FÜR DIE PEPERONI-MARMELADE:

500 g kleine ballonförmige rote Peperonischoten
2 milde rote Spitzpaprikaschoten
500 g Zucker
¼ l Apfelsaft
5 EL Essig

FÜR DIE ZIEGENKÄSENOCKEN:

150 g Ziegenfrischkäse
100 g *Tulum Peyniri* (krümeliger Schafs- und/oder Ziegenkäse)
100 g griech. Naturjoghurt (10 %)
1 kleine Knoblauchzehe
Salz

AUSSERDEM:

Berg-Oregano (*Kekik*; ersatzweise Bohnenkraut) zum Garnieren

Zubereitung ca. 20 Min. (Ziegenkäsenocken) + ca. 1 Std. 30 Min. für die Marmelade
Pro Portion ca. 150 kcal

1 Für die Peperoni-Marmelade den Backofen auf 180° vorheizen. Ein Backblech mit Backpapier auslegen. Die Peperoni- und Paprikaschoten waschen und trocken tupfen, auf das Backblech legen und im Ofen (Mitte) in ca. 15 Min. garen (sie sollen nicht braun werden). Die Schoten vom Blech nehmen, mit einem feuchten Küchentuch bedecken und etwas abkühlen lassen. Die Schoten häuten und von Stielansätzen und Kernen befreien.

2 Die Peperoni und Paprika in kleine Stücke schneiden und mit dem Zucker in einen Topf geben. Den Apfelsaft hinzufügen, alles aufkochen und ca. 30 Min. leicht sprudelnd kochen.

3 Einen Teller in den Kühlschrank oder das Tiefkühlfach stellen. In einem kleinen Topf reichlich Wasser aufkochen, den Essig dazugeben und 2 Schraubgläser (à ca. 200 ml Inhalt) und die Deckel darin 3 Min. auskochen. Gläser und Deckel herausnehmen und auf einem Küchentuch abtropfen lassen.

4 Auf den kalten Teller 1 Tropfen Marmelade geben. Verläuft der Tropfen beim Neigen des Tellers nur wenig, ist die Marmelade fertig. Bleibt er flüssig, die Marmelade weitere 5 Min. köcheln und die Gelierprobe wiederholen.

5 Etwa 6 EL Marmelade beiseitestellen, die restliche Marmelade heiß in die Gläser füllen, sofort mit den Deckeln verschließen und umgedreht abkühlen lassen. Die Marmelade an einem kühlen, dunklen Ort aufbewahren.

6 Für die Ziegenkäsenocken beide Käsesorten fein zerkrümeln und mit dem Joghurt verrühren. Den Knoblauch schälen, durch die Knoblauchpresse zur Käsecreme drücken und unterrühren. Die Creme mit Salz abschmecken. Von der Creme mit einem nassen Esslöffel sechs Nocken abstechen und auf Teller setzen. Jeweils 1 EL Peperoni-Marmelade darauf verteilen und mit Kräuterblättern garnieren.

12 İNEBOLU PAZARI

Wenn die meisten Istanbuler noch tief im Sonntagsschlaf liegen, öffnet früh um sechs im Stadtteil Kasımpaşa eine kulinarische Oase: der İnebolu Pazarı (İnebolu-Markt). Mit voll bepackten Kleinlastern reisen Händler und Kleinbauern aus der 650 Kilometer entfernten Gegend von İnebolu und Kastamonu am Schwarzen Meer mit frischen Lebensmitteln an. Nach kurzer Zeit ist der riesige Platz mit Tischen und Ständen übersät und in einen bunten Markt verwandelt.

So kommt man hin: Am besten gelangt man zu dem etwas abgelegenen Bauernmarkt mit dem Taxi, zum Beispiel vom unteren Tünel-Eingang aus.

GEMÜSE, OBST UND FRISCHES BROT

Frisch geerntetes Gemüse, sonnenreifes Obst, aromatische Milch und Ayran in Wasserflaschen, Butterkugeln, Bauernkäse, Süzme Yoğurt (dicker, sahniger Joghurt) und frische Eier, die in geflochtenen Körben sorgsam auf Stroh gebettet sind, locken bald die ersten Käufer an. Über allem schwebt der Duft des Köy Ekmeği, einem wunderbar duftenden Sauerteigbrot. Die runden Laibe haben eine dicke braune Kruste und werden auf einem Bett aus Kastanienblättern im Steinofen gebacken.

Neben Honig aus den Bergen gibt es aromatisches Mus aus Hagebutten, Pflaumen, Maulbeeren, Kornelkirschen oder Quitten, das Dorffrauen nach alter Art in großen Kupferkesseln über offenem Feuer gekocht haben. Viele Händler füllen die Köstlichkeiten auf Wunsch in stabile Kunststoffdosen, sodass sie auch eine Flugreise sicher überstehen.

PARADIES FÜR PILZFANS

Seit 1977 gibt es diesen Organik-Markt, und schon immer war er eine Fundgrube für seltene Kräuter, aber auch für Pilze. Vor allem nach regenreichen Tagen in der Schwarzmeerregion gibt es ein großes Angebot an Morcheln, Steinpilzen, Maronen-Röhrlingen und orange-grünlichen Edelreizkern. Früh am Sonntagmorgen trifft man dann die besten Köche der Stadt auf dem Markt, etwa Gençay Üçok vom Restaurant »Meze by Lemon Tree«, wo sie die besten Pilze für ihre Abendkarte auswählen. Die auf Wiesen und in Wäldern geernteten Köstlichkeiten werden meist in viel Olivenöl mit Knoblauch und Petersilie gebraten – ein unvergleichlicher Genuss.

TURKCELL

MediaMarkt
Nost
TURKCELL
TURKCELL
TURKCELL

1876
CITÉ DE PÉRA
Çiçek Pasajı

OBERES BEYOĞLU

Trendmeile zum Schauen und Genießen

Auf der İstiklal Caddesi, in Höhe des Schwedischen Generalkonsulats, beginnt unser Oberes Beyoğlu. Die İstiklal Caddesi präsentiert sich bis zum Taksim-Platz als Shopping-Meile mit Läden dicht an dicht. Scheinbar endlose Ströme von Schau- und Kauflustigen flanieren an Geschäften vorbei, wie man sie auf der ganzen Welt findet, aber auch an Läden türkischer Labels. Schuh-Fans finden von Sneakers bis zu gewagtesten High Heels alles, was trendig ist. Dazwischen Süßigkeiten- und Coffeeshops, Hotels, Fastfood-Lokale und Buchhandlungen.

Der angestaubte Charme grandioser Fassaden lässt den Glanz des alten Beyoğlu erahnen. Pompöse Eisentore sichern die Residenzen verschiedener Konsulate. Die Schule Galatasaray Lisesi (einer der bekanntesten Fußballclubs Istanbuls wurde hier gegründet und nach dem Lyzeum benannt) passiert man auf dem Weg vom Tünel zum Taksim-Platz schon nach kurzer Strecke. Der kleine Platz vor dem prächtigen Schultor wird häufig als Bühne für Ein-Mann/Frau-Shows oder für Protestversammlungen genutzt. Spielzeugverkäufer, Musikgrüppchen und die vom Tünel- bis zum Taksim-Platz rumpelnde Nostalgie-Tram tragen mit zum bunten İstiklal-Zirkus bei.

DAS MUSEUM DER UNSCHULD

Wer durch das Viertel rechts der İstiklal Caddesi in Richtung Tophane und Cihangir streift, stößt bald auf das Museum der Unschuld des Schriftstellers Orhan Pamuk. Die Ausstellung lässt sich als Erweiterung von Pamuks gleichnamigem Roman erkunden: In dem roten, holzverkleideten Haus sind unzählige Alltagsgegenstände der bürgerlichen Istanbuler Gesellschaft aus den 1970er-Jahren ausgestellt. Fans des Romans werden viele Objekte wiedererkennen, doch auch für Uneingeweihte lohnt sich ein Besuch des kleinen Museums.

Masumiyet Müzesi
Çukurcuma Caddesi / Dalgıç Çıkmazı
www.masumiyetmuzesi.org
Dienstag bis Sonntag von 10 bis 18 Uhr und donnerstags von 10 bis 21 Uhr geöffnet

IM LABYRINTH DER SEITENSTRASSEN

Biegt man rechts in die Seitenstraßen der İstiklal Caddesi, landet man im Viertel Cihangir mit Kirchen, Moscheen, Brunnen und junger Kultur: Frühstücks-Cafés, Souvenirstände, Boutiquen, Buchhandlungen, Galerien und Antiquitätenläden. Die besten Aussichtsplätze haben die Katzen. Sie lagern auf Bücherstapeln, in Fensternischen und auf Autodächern.

MEZE OHNE ENDE

Das Zentrum der Meyhane, in denen Rakı mit Meze serviert wird, sind seit Generationen die berühmte Çiçek Pasajı (Blumen-Arkade), der Balık Pazarı (Fischmarkt), die Nevizade Caddesi und der Asmalı-Mescid-Bereich. Bis in die späte Nacht finden sich hier Besucher aus Istanbul und der ganzen Welt zu geselligen Treffen ein. Kleine Läden, Bäckereien, die Lebensmittelhandlung »Şütte», die seit jeher auch deutsche Lebensmittel anbietet, Friseursalons und Schneidereien zeigen, dass hier auch das ganz normale Leben der Bewohner stattfindet.

EIN MUSS FÜR JAZZFREUNDE

Eine der interessantesten Adressen ist das »Babylon«, Bar und Kulturzentrum zugleich. Hier finden Konzerte statt, und hier richtet Istanbul sein jährliches Jazz-Festival aus. Die Zeitschrift »DownBeat« zählt das Babylon zu den besten Jazz-Lokalen der Welt.

Babylon, Asmalımescit, Şehbender Sok. 3
www.babylon.com.tr/tr/mekan/babylon-asmalimescit
Dienstag bis Samstag von 21.30 bis 4 Uhr geöffnet

DESIGNER-SHOPS UND KLEINE LÄDEN

Vom Taksim-Platz oder dem angrenzenden Gezi-Park lohnt sich ein Abstecher in die vornehmen Viertel Nişantaşı und Teşvikiye. Hier shoppt es sich ganz international. Fast alle großen Fashion-Designer sind vertreten, aber auch türkische Labels mit gehobenem Sortiment, wie Vakko oder Mudo. In den Seitenstraßen finden sich Patisserien nach französischem Vorbild und ein hübscher Laden mit einem Sortiment rund um die Olive.

OBERES BEYOĞLU IM ÜBERBLICK

Unser Weg schlängelt sich entlang der trubeligen İstiklal Caddesi hoch in das elegante Viertel Nişantaşı. Ab und zu biegen wir in kleine Gassen ein, um die besten Meze-Lokale aufzuspüren. Hier schlägt das Herz des jungen, modernen Istanbul: von frühmorgens bis spät in die Nacht wird flaniert, gekauft und gefeiert. Die Fußgänger sind in der Überzahl, nur gelegentlich müssen sie einem Taxi oder der historischen Straßenbahn ausweichen. Man verabredet sich in der Çiçek Pasajı, wo sich ein Meze-Lokal an das andere reiht, oder dem angesagten Cihangir, dem alten Viertel unterhalb der İstiklal Caddesi mit seinen vielen kleinen Cafés und Meyhane (Tavernen). Abends pflegt man die Tradition des Rakıtrinkens mit einer reichen Meze-Auswahl.

1 YENİ LOKANTA

Feines Lokal mit tollen Meze und umwerfendem Degustationsmenü
Kumbaracı Yokuşu 66, Tünel
Tel.: 0212 292 25 50 | www.lokantayeni.com

2 MEKAN RESTAURANT

Gemütliches Restaurant mit türkischer Ethno-Küche
Eski Çiçekçi Sok. 3, Galatasaray (nahe Odakule)
Tel.: 0212 252 60 57 | www.mekanrestaurant.com

3 PETEK TURŞULARI

Über 100 Sorten sauer eingelegtes Gemüse und Früchte
Balıkpazarı, Duduodaları Sok. 7, Galatasaray
Tel.: 0212 249 13 24

4 ARA KAFE

Mit alten Istanbul-Fotos in Schwarz-Weiß von Ara Güler ausgestattet, dem Istanbuler Magnum-Fotografen, der dem Café seinen Namen lieh
Yeniçarşı Caddesi, Tosbağa Sok. 2, Galatasaray (seitlich vom Galatasaray Lisesi)
Tel.: 0212 245 41 05 | www.kafeara.com.

5 ÇUKUR MEYHANE

Ein typisches Meyhane mit Meze und Rakı; junges Publikum, viele Studenten
Kartal Sok. 1 A, Galatasaray | Tel.: 0212 244 55 75

6 İNCİ PASTANESİ

Traditionelle Konditorei, in der man sich an Profiteroles mit dicker Schokoladensauce glücklich essen kann
Mis Sok. 18 A | Tel.: 0212 243 24 12 oder 0212 293 92 24

7 ALİ MUHİDDİN HACI BEKİR

Seit 1777 erste Adresse für türkische Süßigkeiten
İstiklal Caddesi 83 A
Tel.: 0212 244 28 04 | www.hacibekir.com

8 KOSKA HELVACISI
Verführer mit Süßem: Helva aus Sesam in vielen Variationen
İstiklal Caddesi 238, am Taksim-Platz
Tel.: 0212 244 08 77
www.koskahelvacisi.com

9 KÜRŞAT ZEYTİNYAĞI
Prämiertes türkisches Olivenöl, außerdem Oliven sowie Besteck und Schälchen aus Olivenholz
Şakayık Sok. 75/B, Nişantaşı
Tel.: 0212 247 30 31 | www.kursat.com.tr

10 YASTIK BY RIFAT ÖZBEK
Orient-Feeling für daheim: bestickte Kissen vom international renommierten Designer
Şakayık Sok. 13, Teşvikiye
Tel.: 0212 240 87 31
www.yastikbyrifatozbek.com

11 THE HOUSE CAFÉ
Kleine oder große Speisen in elegantem Ambiente mit türkischen Designer-Möbeln
Atiye Sokak 10/1 (nahe der Teşvikiye Moschee),
Tel.: 0212 259 23 77 | www.thehousecafe.com

lokanta-bar

1 YENİ LOKANTA

Den Gast empfängt mediterranes Flair: ein weit geöffneter Raum, weiß gedeckte Tische auf schwarz-weiß gefliestem Boden, İznik-Fayencen mit Rosetten aus Auberginen, die sich um eine Bar reihen, ein offener Steinbackofen mit flackerndem Holzfeuer, der auf den Brotteig wartet.

Elegant und rustikal zugleich zeigt sich das »Yeni Lokanta« von Civan Er, einem der prominentesten Vertreter der neuen Istanbuler Küche. Nach Studium und Lehrjahren in London sowie sechs Jahren als Küchenchef in Istanbuls Nobelrestaurant »Changa« eröffnete Civan Er 2013 sein eigenes Restaurant. Prompt wurde er von der Tageszeitung »Hürriyet« zum Koch des Jahres ernannt. Das Geheimnis seines Erfolgs: eine neue, leichte, authentische Küche. Er modernisierte die anatolische Küche, blieb jedoch ihren landestypischen Produkten und traditionellen Kochtechniken treu.

Dem Gast wird frisch gebackenes Hausbrot mit geräucherter Butter als Amuse-Gueule serviert. Das Degustationsmenü ist eine gute Möglichkeit, sich durch das breite Spektrum von Civan Ers Speisekarte zu probieren. Auf keinen Fall sollte man sich den phänomenalen Abschluss des Menüs entgehen lassen: ein kross gebackenes, mit Honig beträufeltes Fadenteigknäuel, das mit Eis aus geräucherter Büffelmilch gefüllt ist.

CEVİZLİ HAVUÇ EZMESİ

MÖHRENCREME MIT INGWER UND WALNÜSSEN

Für 4 Personen
750 g Möhren
Salz
2 EL Walnussöl
70 g Walnusskerne
1 walnussgroßes Stück Ingwer
1 Msp. Ras el-Hanout (marokk. Gewürzmischung; ersatzweise mildes Currypulver)
½ TL gemahlener Koriander
Pfeffer
2 EL *Kaymak* (türkische dicke Sahne; ersatzweise Mascarpone)
1–2 EL Zitronensaft
1 EL gehackte Petersilie

Zubereitung ca. 40 Min. | Durchziehen ca. 30 Min.
Pro Portion ca. 205 kcal

1 Den Backofen auf 200° vorheizen. Ein Backblech mit Backpapier auslegen. Die Möhren putzen und schälen, in große Stücke schneiden und auf dem Backblech mit 1 TL Salz und dem Walnussöl mischen. Im Ofen (Mitte) in ca. 40 Min. hellbraun garen. Die Möhren aus dem Ofen nehmen und abkühlen lassen.

2 Die Backofentemperatur auf 180° einstellen und ein zweites Backblech mit Backpapier auslegen. Die Walnusskerne darauf verteilen und im Ofen (Mitte) 7–10 Min. rösten, bis sie zu duften beginnen. Die Walnusskerne herausnehmen, etwas abkühlen lassen und die dünnen Häutchen zwischen den Händen abreiben. Die Walnusskerne fein hacken.

3 Den Ingwer schälen, fein hacken und mit den Möhren in einen hohen Rührbecher geben. Alles mit dem Stabmixer fein pürieren. Mit Ras el-hanout, Koriander, Salz und Pfeffer würzen. Kaymak, Zitronensaft, Petersilie und Walnüsse untermischen. Die Möhrencreme vor dem Servieren 30 Min. durchziehen lassen und mit Salz und Zitronensaft abschmecken.

VİŞNELİ KISIR

BULGURSALAT MIT SAUERKIRSCHSAFT

Für 4 Personen
150 g feiner Bulgur
250 g ungesüßter Sauerkirschsaft (Muttersaft; ersatzweise Cranberrysaft, aus dem Bioladen)
3 Tomaten
3 kleine Gärtnergurken
1 Frühlingszwiebel
3 Stiele Minze *(Nane)*
¼ Bund Petersilie
2 EL Sonnenblumenöl
Salz | Pfeffer
½ TL flüssiger Honig
etwas Zitronensaft

Zubereitung ca. 30 Min. |
Einweichen ca. 45 Min. | Durchziehen 30 Min.
Pro Portion ca. 255 kcal

1 Den Bulgur mit dem Saft in einer Schüssel mischen und zugedeckt 45 Min. quellen lassen.

2 Die Tomaten waschen, halbieren, die Stielansätze und Kerne entfernen und das Fruchtfleisch klein würfeln. Die Gurken waschen, längs halbieren, die Kerne mit einem Löffel entfernen und die Gurken ebenfalls klein würfeln.

3 Die Frühlingszwiebel putzen, waschen und klein hacken. Die Kräuter waschen und trocken schütteln, die Blätter abzupfen und fein hacken. Das Gemüse und die Kräuter mit dem Bulgur mischen.

4 Das Öl mit Salz, Pfeffer und Honig verrühren, mit dem Bulgursalat mischen und 30 Min. durchziehen lassen. Den Bulgursalat mit Salz, Pfeffer und Zitronensaft abschmecken.

TAZE FASULYE SALATASI

BOHNENSALAT MIT PFIRSICH UND KÄSE

Für 4 Personen
400 g grüne Bohnen
Salz
1–2 EL Weißweinessig
Pfeffer
3 EL Traubenkern- oder Walnussöl
1 kleiner reifer Pfirsich
2 EL Zitronensaft
50 g *Tulum Peyniri* (krümeliger Schafs- und/oder Ziegenkäse)

Zubereitung ca. 45 Min.
Pro Portion ca. 145 kcal

1 Die Bohnen waschen, abtropfen lassen und die Stielansätze abschneiden (die spitzen Enden nicht entfernen). Die Bohnen in ca. 4 cm lange Stücke schneiden. In einem Topf reichlich Salzwasser aufkochen und die Bohnen darin in 5–8 Min. bissfest garen. Die Bohnen in ein Sieb abgießen, in eiskaltem Wasser abschrecken und abtropfen lassen.

2 Den Essig mit wenig Salz und Pfeffer in einer Schüssel mischen und das Öl unterrühren. Die Bohnen mit der Vinaigrette mischen und ca. 15 Min. durchziehen lassen.

3 Den Pfirsich waschen, halbieren und den Stein entfernen. Das Fruchtfleisch in kleine Stücke schneiden und mit dem Zitronensaft mischen. Den Käse fein zerkrümeln.

4 Den Pfirsich und den Käse mit dem Bohnensalat mischen. Mit Salz, Pfeffer und Essig abschmecken und servieren.

ASMA YAPRAĞI PAÇANGA

KÄSE UND PASTIRMA IN WEINBLÄTTERN

Für 6 Personen

100 g frische junge Weinblätter (*Salamura Yaprak*, ersatzweise eingelegte Weinblätter) | Salz
200 g *Dil Peyniri* (fester, fasriger Käse; ersatzweise junger *Kaşar Peyniri*)
100 g *Pastırma* (Rinder-Trockenfleisch)
2 Tomaten | 2 milde Spitzpaprikaschoten
1 EL Berg-Oregano-Blätter (*Kekik;* ersatzweise Bohnenkraut)
abgeriebene Schale von ½ Bio-Zitrone
Pfeffer | 2 Eier (Größe S)
100 g stichfester, säuerlicher Naturjoghurt
3 EL Olivenöl
Öl für die Förmchen

Zubereitung ca. 30 Min. | Backen ca. 25 Min.
Pro Portion ca. 330 kcal

1 Die Stiele von den Weinblättern entfernen. Die Blätter in siedendes Salzwasser legen, mit einem Sieb beschweren und ca. 8 Min. vorgaren. In eiskaltem Wasser abschrecken und abtropfen lassen. (Eingelegte Blätter ca. 4 Min. ohne Salz garen.)

2 Backofen auf 180° vorheizen. Käse in Streifen zupfen. Pastırma (ohne Gewürzrand) in Streifen schneiden. Tomaten mit kochendem Wasser überbrühen, häuten und entkernen, Fruchtfleisch würfeln. Paprika putzen, waschen und klein würfeln. Alles mit Oregano, Zitronenschale und Pfeffer mischen.

3 Eier, Joghurt und Olivenöl verrühren. Sechs ofenfeste Förmchen (à 6 cm Ø) mit Öl ausfetten und mit Weinblättern großzügig überlappend auslegen. Auf jeden Boden etwas Eiermischung geben. Die Pastırmamischung darauf verteilen, mit je 1 Weinblatt bedecken und die restliche Eiermischung darauf verteilen. Die überstehenden Blätter über die Füllung schlagen. Die Weinblätter im Ofen (Mitte) ca. 25 Min. backen. Am besten mit Naturjoghurt servieren und mit Pul Biber bestreuen.

RAKI UND WEIN

Zu einem feinen Essen oder einem Fest gehört auch in der Türkei ein alkoholisches Getränk – sofern die Teilnehmer keine strenggläubigen Muslime sind.

RAKI – ZU MEZE EIN MUSS

Rakı ist das bevorzugte Getränk zu Meze. Oder ist es nicht eigentlich sogar umgekehrt: Die kleinen Speisen, die nach und nach aufgetragen werden, sind die Begleiter zum Rakı? Wie dem auch sei, Rakı und Meze passen wunderbar zusammen und sorgen für gute Stimmung.

Rakı genießt man aus schlanken hohen Gläsern auf zweierlei Art: Entweder wird er im Glas im Verhältnis eins zu drei mit Eiswasser vermischt, wobei er sich milchig eintrübt. Oder man nimmt einen Schluck Rakı in den Mund und etwas Eiswasser hinterher. Puristen bevorzugen die zweite Möglichkeit, weil das würzige Anisaroma so intensiver zur Geltung kommt. Die milchige Rakı-Wasser-Mischung nennt man übrigens auch Aslan Sütü (Löwenmilch).

AUS TRAUBEN UND ANIS

Rakı wird aus frischen Weintrauben oder Rosinen gebrannt. Erst bei der zweiten Destillation des Brands fügt man die Anissamen hinzu, die dem Rakı sein charakteristisches Aroma geben. Der fertige Rakı enthält in der Regel zwischen 40 und 50 Vol.-% Alkohol. Einige Hersteller produzieren einen aufwendigen, dreimal destillierten Rakı, der vor der Abfüllung eine bestimmte Zeit in Eichenfässern gelagert wird.

Seit das staatliche Monopol auf Alkohol aufgehoben wurde, hat sich die Zahl der Rakısorten vervielfacht. »Yeni Rakı« ist der Marktführer. »Yeni Rakı Ala«, dreimal destilliert und in Eichenfässern gelagert, ist samtiger, weicher im Geschmack. »Tekirdağ Rakısı« aus Thrakien gilt als besonders aromatisch. »Külüp Rakı«, 1930 erstmals destilliert, änderte seit damals weder Rezeptur noch Etikett. Er besitzt 50 Vol.-% Alkohol, ebenso wie das alte Label »Altınbaş Rakı«.

An die 20 Rakısorten gibt es inzwischen auf dem Markt – jeder kann seinen Lieblings-Rakı herausfinden. Längst wird Rakı nicht nur zum Essen getrunken, er etablierte sich auch in den Bars von Beyoğlu. Cocktails mit Rakı sind besonders bei jungem Publikum gefragt.

TÜRKISCHE WEINE

Unter den Sultanen war es nur den Minderheiten – Armeniern, Griechen und Juden – erlaubt Wein zu keltern. Wie alte Quellen belegen, gab es 1637 in Istanbul bereits 160 Tavernen und 6 000 kleine Geschäfte, die Rakı und Wein anboten.

Heute wachsen in vielen Gebieten der Türkei Weinreben, vor allem in Zentralanatolien, in Kappadokien mit seinen Tuffsteinböden, am Schwarzen Meer, in Ostanatolien, an der Ägäis, am Marmarameer und in Thrakien. Doch nur drei Prozent der Trauben werden zu Wein verarbeitet, der Hauptteil wird zu Rosinen getrocknet.

Die unterschiedlichen Klimazonen und die vielen einheimischen (autochthonen) Rebsorten der Türkei machen die Weine zu etwas Einzigartigem. Besonders beliebt sind Weine aus den roten Rebsorten Öküzgözü (Ochsenauge), Boğazkere und Kalecik Karası. Letztere sollen die Hethiter bereits vor 2 000 Jahren in Ostanatolien gekeltert haben. Das Kontinentalklima mit heißen Sommern und kalten Wintern verleiht den Weinen viel Aroma. Aus weißen Rebsorten der Ägäis-Region wie Emir und Narince entstehen frische, fruchtige Weine als ideale Sommergetränke sowie Rosé- und Schaumweine.

NEUE REBSORTEN UND WEINGÜTER

Zu den einheimischen kamen neue Rebsorten wie Merlot, Chardonnay, Cabernet Sauvignon, Riesling … Neben den großen, älteren Weingütern wie »Doluca« in Thrakien, »Kavaklıdere« in Mittelanatolien und »Pamukkale« in der Ägäisregion sind immer mehr kleine Boutique-Weingüter an der Renaissance türkischer Weine beteiligt. Auf dem internationalen Weinmarkt erlangten die Pioniere bereits zahlreiche Preise.

Allerdings stehen die Winzer unter massiven Druck, denn die Regierungspartei belegt Alkohol mit hohen Steuern, in konservativen Regionen ist Alkohol sogar ganz verboten. In den Bars von touristischen Vierteln oder an der Küste, in internationalen Hotels, in der gehobenen Gastronomie und in den Meze-Lokalen ist davon jedoch wenig zu spüren. Wer zu Meze keinen Rakı, sondern lieber Wein trinken möchte, wird nicht enttäuscht werden. Einziger Wermutstropfen: Die Weinpreise sind wegen der hohen Steuer imposant.

YENİ RAKI
KUŞAKLARIN ORTAK TADI

BARBARE
UMURBEY
Sauvignon Blanc
2013
TEKIRDAĞ
RESERVE

45
DERECELİK
YENİ RAKI
TEKİRDAĞ
RAKISI
No 10
3 DİSTİLE

2 MEKAN RESTAURANT

In dem hübschen kleinen Restaurant mit der freundlichen, familiären Atmosphäre ist jeder willkommen – ob zum Lunch, zum Dinner oder nur auf einen Kaffee.

Oft trifft man an einem der Tische neben den weit geöffneten Eingangstüren die Besitzerin Marie Esgici. Die sympathische Köchin hat sich mit ihrer ungewöhnlichen ethnischen Küche längst einen Namen gemacht. Ihre armenischstämmige Familie kommt aus dem Südosten der Türkei, aus Diyarbakır, wo der Vater mit Kaffeebohnen handelte.

Marie betrieb zuerst eine Kaffeebar und brachte die Istanbuler mit Cappuccino auf einen neuen Kaffeegeschmack. In Beyoğlu eröffnete sie 2007 das »Mekan Restaurant«, etwas versteckt gelegen in der Eski Çiçekçi Sokak, die von der İstiklal Caddesi aus bergab führt. Das Besondere an ihrem Restaurant ist die kulinarische Ausrichtung: Neben türkischen Gerichten hat sie auch Meze aus der armenischen und jüdisch-sephardischen Küche auf der Karte. Köstlich sind ihre Topik, sanfte Bällchen aus Kichererbsenteig und Tahin mit würziger Füllung, oder ihr Auberginen-Börek aus der jüdischen Küche. Auf keinen Fall sollte man sich ihre raffiniert marinierten Fisch-Meze aus der modernen Istanbuler Küche entgehen lassen. Im Winter gibt es freitags und samstags Live-Musik, und die Abende können lang werden.

HARDAL SOSLU LEVREK

SEEBARSCH IN SENF-DRESSING

Für 4 Personen

FÜR DEN FISCH:

400 g Seebarschfilets (ohne Haut)
3 EL milder Weißweinessig
2 EL Zitronensaft
1 gestr. TL Salz

FÜR DAS DRESSING:

2 TL Dijonsenf
½ TL Zucker
weißer Pfeffer
5 EL Olivenöl
½ TL eingelegte grüne Pfefferkörner

Zubereitung ca. 20 Min. | Marinieren ca. 1 Std.
Pro Portion ca. 235 kcal

1 Für den Fisch die Seebarschfilets waschen, trocken tupfen und quer in 1 ½ cm breite Streifen schneiden.

2 In einer Schüssel Essig, Zitronensaft und Salz verrühren, bis sich das Salz aufgelöst hat. Die Fischstreifen darin wenden und zugedeckt 30 Min. marinieren.

3 Die Fischstreifen mit kaltem Wasser abspülen, leicht ausdrücken und mit Küchenpapier trocken tupfen.

4 Für das Dressing Senf, Zucker, Pfeffer und Olivenöl mit dem Schneebesen cremig verrühren und die Pfefferkörner dazugeben. Die Fischstreifen mit dem Dressing mischen und zugedeckt ca. 30 Min. durchziehen lassen. Die Seebarschfilets mit Fladenbrot servieren.

FESLEĞENLİ MEZGİT

MERLAN IN BASILIKUM-DRESSING

Für 4 Personen

FÜR DEN FISCH:

400 g Merlanfilets (ersatzweise Schollenfilets)
2 EL Weißweinessig
2 EL Zitronensaft
1 ½ TL Salz
¾ TL Zucker

FÜR DIE MARINADE:

1–2 Knoblauchzehen
8 EL Olivenöl
2 geh. EL gehackte Basilikumblätter

AUSSERDEM:

Basilikum- oder Minzeblätter zum Garnieren

Zubereitung ca. 20 Min. | Marinieren ca. 24 Std.
Pro Portion ca. 280 kcal

1 Am Vortag für den Fisch die Merlanfilets waschen, trocken tupfen und quer in 1 ½ cm breite Streifen schneiden (große Schollenfilets längs halbieren und in Streifen schneiden).

2 Den Essig mit Zitronensaft, Salz und Zucker verrühren, bis sich das Salz aufgelöst hat. Die Fischstücke darin wenden und zugedeckt 30 Min. marinieren.

3 Die Fischstreifen mit kaltem Wasser abspülen, leicht ausdrücken und mit Küchenpapier trocken tupfen.

4 Für die Marinade den Knoblauch schälen, mit der Knoblauchpresse in eine Schüssel drücken und mit dem Olivenöl verrühren. Das Basilikum untermischen. Die Fischstreifen mit der Marinade mischen und zugedeckt an einem kühlen Ort (nicht im Kühlschrank) ca. 24 Std. durchziehen lassen.

5 Die Merlanstreifen mit Basilikum- oder Minzeblättern garnieren und mit Fladenbrot servieren.

İÇLİ KÖFTE

GRIESSBÄLLCHEN MIT HACKFLEISCHFÜLLUNG

Ob als İçli Köfte in der Türkei oder als Kibeh in Syrien und im Libanon – die würzig gefüllten Grießbällchen findet man auf vielen Speisekarten. Ursprünglich stammen sie aus Südostanatolien, wo sie in Wasser gegart werden, es gibt sie jedoch auch in Öl frittiert.

Für 8 Personen

FÜR DEN TEIG:

100 g feiner Bulgur
200 g Hartweizengrieß
Salz
2 Eier (Größe M)

FÜR DIE TOMATENSAUCE:

1 Schalotte
1 EL Olivenöl
250 g passierte Tomaten (aus dem Tetrapak)
¼ TL getrockneter Thymian
Salz
Pfeffer

FÜR DIE FÜLLUNG:

1 kleine Schalotte
1 EL Sonnenblumenöl
150 g fein durchgedrehtes Rinderhackfleisch
Salz
Pfeffer
je 1 Msp. gemahlener Piment und Zimtpulver
1 Msp. getrocknete Chiliflocken *(Pul Biber)*
1 EL fein gehackte Petersilie

Zubereitung ca. 1 Std. 30 Min.
Pro Portion ca. 95 kcal

1 Für den Teig den Bulgur in einer Schüssel mit 150 ml heißem Wasser mischen und zugedeckt ca. 30 Min. quellen lassen.

2 Für die Tomatensauce die Schalotte schälen und fein würfeln. Das Olivenöl in einem kleinen Topf erhitzen und die Schalotte darin glasig dünsten. Die passierten Tomaten dazugeben und unter gelegentlichem Rühren 10 Min. leicht köcheln lassen. Die Thymianblättchen untermischen, die Sauce mit Salz und Pfeffer würzen und beiseitestellen.

3 Den Bulgur in ein Sieb abgießen (falls er das Wasser nicht vollständig aufgenommen hat) und mit dem Hartweizengrieß in einer Schüssel mischen. 1 TL Salz und die Eier hinzugeben und alles mit den Händen glatt verkneten. Falls der Teig zu krümelig ist, etwas kaltes Wasser untermischen.

4 Für die Füllung die Schalotte schälen und klein würfeln. Das Öl in einer beschichteten Pfanne erhitzen und das Hackfleisch darin unter gelegentlichem Rühren krümelig braten. Die Schalotte dazugeben und glasig dünsten. Die Hackfleischfüllung mit Salz, Pfeffer, Piment, Zimt und Chiliflocken kräftig würzen. Die Petersilie untermischen.

5 In einem weiten Topf reichlich Salzwasser aufkochen. Den Grießteig in acht Portionen teilen. Aus jeder Portion auf der Arbeitsfläche eine runde Teigplatte mit ca. 9 cm Ø formen. In die Mitte je 2 TL Hackfleischfüllung geben und die Ränder über der Füllung zusammendrücken. Die Nähte mit den Fingern glatt verstreichen.

6 Die Grießbällchen im siedenden Wasser 10–15 Min. garen, bis sie an die Oberfläche steigen. Mit dem Schaumlöffel herausheben, etwas abtropfen lassen und auf Teller verteilen. Auf jedes Grießbällchen einen Klecks Tomatensauce geben und warm oder kalt servieren.

YAPRAK CİĞER

GEBRATENE LAMMLEBER

Für 4 Personen
500 g Lammleber
½ l Milch
1 rote oder weiße Zwiebel
60 Butter
Salz
Pfeffer
½ TL getrocknete Chiliflocken *(Pul Biber)*
1 ½ TL getrocknete Thymianblättchen

Zubereitung ca. 50 Min. | Ziehen lassen ca. 2 Std.
Pro Portion ca. 365 kcal

1 Die Leber putzen, waschen und trocken tupfen. Dann mit einem scharfen Filetiermesser in 3 mm dünne Scheiben schneiden. Die Leberscheiben in einer Schüssel mit der Milch begießen und 2 Std. ziehen lassen.

2 Die Zwiebel schälen und in sehr dünne Scheiben schneiden. Eine Servierplatte im Backofen vorwärmen.

3 Die Butter in einer Pfanne erhitzen, bis sie schäumt (nicht braun werden lassen). Die Leberscheiben aus der Milch nehmen, etwas abtropfen lassen und in die Butter legen. Mit Salz, Pfeffer, Chiliflocken und Thymian bestreuen. Die Scheiben nach ½ Min. wenden, eine weitere ½ Min. braten (nicht länger, die Leber wird sonst hart!) und mit Salz, Pfeffer, Chiliflocken sowie Thymian bestreuen. Die Leberscheiben auf die Platte geben und mit den Zwiebelringen belegt servieren.

TAHİNLİ BİBER SALATASI

ROTER PAPRIKASALAT MIT SESAMMUS

Für 4 Personen
1 kg rote Spitzpaprikaschoten (ersatzweise rote Paprikaschoten)
¼ Bund Petersilie
1 kleine Knoblauchzehe
50 g Walnusskerne
2 EL Sesammus *(Tahin)*
2 EL Granatapfelessig *(Nar Ekşisi)*
1 EL Weißweinessig oder Zitronensaft
Salz
Pfeffer

Zubereitung ca. 20 Min. | Garen ca. 30 Min. | Marinieren ca. 1 Std.
Pro Portion ca. 255 kcal

1 Den Backofen auf 200° vorheizen. Ein Backblech mit Backpapier auslegen. Die Paprikaschoten waschen, trocken tupfen und auf das Blech legen. Im heißen Ofen (Mitte) 30–40 Min. backen, bis die Haut dunkel wird. Die Paprika aus dem Ofen nehmen, mit einem feuchten Küchentuch bedecken und 5 Min. abkühlen lassen.

2 Die Paprikaschoten häuten, längs halbieren und von Stielansätzen und Kernen befreien. Die Hälften in ca. 3 x 3 cm große Stücke schneiden. Die Petersilie waschen und trocken schütteln, die Blätter abzupfen und fein hacken. Den Knoblauch schälen und fein hacken. Ein paar schöne Walnusskerne zum Garnieren beiseitelegen, die restlichen Kerne grob hacken.

3 In einer Schüssel Sesammus mit 3–4 EL Wasser und den Essigen verrühren. Mit Salz und Pfeffer würzen. Paprika, Petersilie, Knoblauch und Walnusskerne untermischen. Den Salat zugedeckt 1 Std. durchziehen lassen. Mit Salz, Pfeffer und Essig abschmecken und mit den restlichen Walnüssen garnieren.

3 PETEK TURŞULARI

Auf dem quirligen Balık Pazarı, dem Fischmarkt in Galatasaray, fällt im Schaufenster entlang der Straße ein Wall aus großen Gläsern auf, gefüllt mit eingelegten Gemüsen und Früchten in leuchtenden Farben. »Petek Turşuları« versorgt die Bewohner des Viertels seit fünf Generationen mit besonderen Konserven. Die Zutaten dafür kommen aus der Marmararegion, werden vollreif geerntet und in einer Lake aus Wasser, Salz, ein wenig Zucker und Essig haltbar gemacht.

Die Ladenbesitzer Kadir und Özgür Arı stehen hinter der Ladentheke, rundherum stapeln sich bis zur Decke Turşu-Gläser. Aus großen Bottichen füllen die Arıs die sauren Delikatessen in kleine Beutel ab. Eingelegte Gemüse haben in der türkischen Küche einen festen Platz. Man genießt sie zwischendurch oder serviert sie zu Hülsenfrüchten als vitaminreiche Ergänzung. Auf Wunsch werden die Köstlichkeiten auch vakuumverpackt.

Täglich von 9 bis 21 Uhr geöffnet

4 ARA KAFE

Wenige Schritte vom Trubel der Einkaufsstraße İstiklal Caddesi entfernt, nahe dem Galatasaray Lisesi, liegt das »Ara Kafe«. Beim Betreten des Lokals fühlt man sich gleich wie in einer anderen Welt. Die gelassene Atmosphäre des schönen Raums nimmt einen sofort gefangen. Schwarz-Weiß-Fotos eines vergangenen Istanbul schmücken die Wände: Bilder vom Alltagsleben, von den Straßen, den kleinen Leuten in den 50er- und 60er-Jahren in Beyoğlu, Cihangir oder an den Ufern des Bosporus.

Die Fotos stammen von Ara Güler, dem bedeutendsten Fotografen der Türkei. Er ist Mitglied der Foto-Agentur Magnum und Foto-Korrespondent internationaler Zeitschriften. Ara Güler wurde 1928 als Sohn einer armenischen Apothekerfamilie geboren. Sein Elternhaus mit Galerie und Archiv liegt nebenan in der Tosbağa Sok. 3.
Montag bis Donnerstag von 7.30 bis 24 Uhr,
Freitag und Samstag von 7.30 bis 1 Uhr und
sonntags von 10 bis 24 Uhr geöffnet

HALİS ÜZÜMDEN VE ANASONDAN MAMUL.
FİLURYA RAKISI
ÂLÂ

ÄLTERE STAMMGÄSTE TREFFEN SICH GERNE ZUM PLAUSCH AN EINEM TISCH BEIM EINGANG DES KELLERLOKALS.

5 ÇUKUR MEYHANE

In Istanbuls Welt der traditionellen Tavernen ist das »Çukur Meyhane« nicht ganz leicht zu finden. Es liegt in einer eher unwirtlichen Seitenstraße unweit der İstiklal Caddesi im Souterrain eines Appartementgebäudes.

Çukur (übersetzt: Loch oder Grube im Boden) ist fast wörtlich zu verstehen. Man muss über eine schmale Treppe in den Untergrund steigen, um in den unspektakulären, aber anheimelnden Gastraum mit etwa 80 Plätzen zu gelangen. Istanbuler verbringen hier mit Freunden lange Abende bei Rakı. Gleich hinter dem Eingang geht man vorbei an einer Art kleinem »VIP-Tisch«, mit älteren männlichen Stammgästen, die sich dort zum Zeitvertreib und Austausch von Neuigkeiten einfinden.

NEUE MEZE ENTDECKEN

Man sollte sich von der Lage des Lokals nicht abschrecken lassen, denn im Çukur gibt es einfach wunderbare und auch ungewöhnliche Meze. Ein Genuss ist beispielsweise die kretische Käsepaste mit Pistazien (siehe S. 82) oder die kroatische Joghurtpaste mit Walnüssen und Avocado (siehe S. 81), ganz zu schweigen von Selleriescheiben mit sahnigem Knoblauchjoghurt oder saftigem Levrek (Seebarsch) vom Grill (siehe S. 81).

Alles ist perfekt im Çukur Meyhane und die Stimmung ansteckend. Der freundliche Service bringt Teller für Teller zu den mit Papierdecken ausgelegten Tischen, bis nichts mehr draufpasst.

Tipp: Das Çukur Meyhane ist meist voll. Deshalb empfiehlt es sich zu reservieren.

EIN RAKI-PARADIES

Eine weitere Besonderheit in diesem beliebten Meyhane ist die große Auswahl verschiedener Sorten Rakı (türk. Anisschnaps; siehe auch S. 66). Das erkennt man schon beim Hereinkommen: Auf Wandregalen stehen neben dem Marktführer »Yeni Rakı« andere beliebte Marken wie der besonders aromatische »Tekirdağ Rakısı«. Hier hat man die Gelegenheit, seinen Lieblings-Rakı herauszufinden. Die Meze helfen, dass sich die Wirkung des Hochprozentigen in Grenzen hält. Doch es muss nicht unbedingt Rakı sein, auch Weine stehen auf der Karte.

IZGARA LEVREK

SEEBARSCH VOM GRILL

Für 4 Personen
1 Zwiebel
1 Knoblauchzehe
4 Seebarschfilets (à ca. 120 g; *Levrek*)
5 EL Olivenöl
Salz
3 frische Lorbeerblätter
4 Zitronenscheiben und Petersilienblätter zum Garnieren

Zubereitung ca. 20 Min. | Marinieren ca. 30 Min.
Pro Portion ca. 340 kcal

1 Die Zwiebel und den Knoblauch schälen und in dünne Scheiben schneiden. Die Fischfilets waschen und trocken tupfen.

2 Das Olivenöl und ½ TL Salz auf eine ovale Platte geben, die Zwiebel, den Knoblauch und die Lorbeerblätter damit mischen. Die Fischfilets in der Zwiebelmarinade wenden und zugedeckt ca. 30 Min. durchziehen lassen, dabei zwischendurch noch einmal wenden.

3 Vier lange Holzspieße in einer Schüssel mit kaltem Wasser ca. 20 Min. quellen lassen. Den Holzkohlengrill vorheizen (ersatzweise eine Grillpfanne erhitzen).

4 Die Fischfilets aus der Marinade nehmen und mit Küchenpapier trocken tupfen. Die Holzspieße ebenfalls trocken tupfen. Je 1 Holzspieß längs durch die dicken Rückenfilets stecken.

5 Die Fischfilets auf dem Rost knapp 2 Min. grillen, wenden und in 1 Min. fertig garen. Die Filets mit je 1 Zitronenscheibe und ein paar Petersilienblättern garniert servieren.

HIRVAT EZMESİ

KROATISCHE JOGHURTPASTE

Für 4 Personen
1 kleine Aubergine
750 g stichfester säuerlicher Joghurt
3 eingelegte Artischockenherzen (aus dem Glas)
½ kleine Avocado
1 kleine Knoblauchzehe
70 g Walnusskerne
Salz
Pfeffer
1–2 TL Zitronensaft

Zubereitung ca. 20 Min. | Garen ca. 30 Min.
Pro Portion ca. 315 kcal

1 Von der Aubergine die Blattmanschette vorsichtig entfernen, ohne den Stiel abzuschneiden. Die Aubergine waschen. In einem Topf reichlich Salzwasser aufkochen und die Aubergine darin in ca. 30 Min. weich kochen.

2 Ein Sieb (am besten ein Spitzsieb) mit einer großen Kaffeefiltertüte auskleiden und den Joghurt darin ca. 30 Min. über einer Schüssel abtropfen lassen.

3 Aubergine herausnehmen und abkühlen lassen. Dann schälen, das Fruchtfleisch fein hacken und in eine Schüssel geben.

4 Die Artischocken mit Küchenpapier trocken tupfen, fein hacken und zur Aubergine geben. Das Avocadofruchtfleisch aus der Schale lösen, mit einer Gabel fein zerdrücken und ebenfalls zur Aubergine geben. Den Knoblauch schälen und durch die Knoblauchpresse zum Gemüse drücken.

5 Die Walnusskerne hacken und mit dem Joghurt unter das Gemüse mischen. Mit Salz, Pfeffer und Zitronensaft würzen.

GİRİT EZMESİ

KRETISCHE KÄSEPASTE MIT PISTAZIEN

Diese milde, cremige Paste ist nicht nur ein köstliches Meze, sondern kann auch ganz kreativ für andere Gerichte verwendet werden. Sie passt hervorragend zu Ofenkartoffeln und Steaks, als Dip zu Rohkost-Sticks oder als Sauce zum Fleischfondue.

Für 4 Personen
80 g Pistazienkerne
50 g körniger Frischkäse
150 g Schafskäse *(Beyaz Peynir)*
100 g *Manouri* (griech. Frischkäse)
1 Knoblauchzehe
¼ Bund Petersilie
3 Stiele Minze *(Nane)*
100 ml Olivenöl
½ TL getrockneter Oregano
Salz
Pfeffer
1–2 EL Zitronensaft

Zubereitung ca. 30 Min.
Pro Portion ca. 540 kcal

1 Die Pistazienkerne in einer Pfanne ohne Fett leicht rösten, abkühlen lassen und fein hacken. Den Frischkäse in einem Sieb abtropfen lassen. Den Schafskäse und den Manouri mit einer Gabel sehr fein zerdrücken. Alle Käse und die Pistazienkerne in eine Schüssel geben.

2 Den Knoblauch schälen und durch die Knoblauchpresse zur Käsemischung drücken. Die Kräuter waschen und trocken schütteln, die Blätter abzupfen und fein hacken. Käse, Knoblauch und Kräuter vermischen, dabei eventuell mit einer Gabel weiter zerkleinern.

3 Das Olivenöl mit dem Oregano unter die Mischung rühren. Die Käsepaste mit Salz, Pfeffer und nach Belieben mit Zitronensaft würzen. Mit Fladenbrot servieren.

MULTIKULTI UND CROSS-OVER

Was wir moderne Cross-over-Küche nennen, ist in Istanbul ganz normale Alltagsküche. In der Multikulti-Stadt sind seit Jahrhunderten Menschen aus Griechenland und anderen Ländern zu Hause. Bis zum Ende des Osmanischen Reichs lebten zudem viele Türken in Griechenland und auf Kreta. So wundert es nicht, dass noch heute so manche kulinarische Spezialität – wie diese Kretische Käsepaste aus dem Çukur Meyhane – sowohl in der Türkei als auch in Griechenland zu finden ist.

DENİZ BÖRÜLCESİ

QUELLERSALAT

Für 4 Personen
250 g zarter, junger Queller (Salzkraut; gibt's in guten Fischgeschäften)
4 EL bestes Olivenöl
3 EL Zitronensaft
1 Knoblauchzehe
Pfeffer

Zubereitung ca. 1 Std. | Marinieren ca. 1 Std.
Pro Portion ca. 115 kcal

1 Den Queller waschen und abtropfen lassen. In einem großen Topf reichlich Wasser aufkochen. Den Queller darin zugedeckt in 15–20 Min. weich kochen. Den Queller in ein Sieb abgießen und abkühlen lassen.

2 Falls der Queller schon etwas holzig ist, aus den Queller-Zweigen mit Daumen und Zeigefinger die holzigen Ästchen herausziehen.

3 Olivenöl und Zitronensaft in einer Schüssel verrühren. Den Knoblauch schälen und durch die Knoblauchpresse zur Marinade drücken. Pfeffer hinzufügen und alles gut verrühren (Achtung! Geben Sie kein Salz in die Marinade, der Queller schmeckt bereits salzig).

4 Den Queller mit der Marinade mischen und ca. 1 Std. durchziehen lassen. Den Salat vor dem Servieren mit Zitronensaft abschmecken.

Yüksek
Genelkurmay Başkanlığı'nda
Erdoğan, Genelkurmay
Anıtkabir ziyaretinin
YAŞ mesaisi için bir araya
Deniz Kuvvetleri
k beklenmiyor.
Komutanı
Harp

HAŞHAŞLI REVANİ

GRIESSKUCHEN MIT MOHN

Traditionsgebäck auf moderne Art: An dem saftigen Rührkuchen Revani *kann man eigentlich nichts verbessern – meint man. Doch die Version mit Mohnsamen und Orangensaft im Restaurant »Çukur Meyhane« ist eine köstliche Überraschung.*

Zutaten für 20 Stücke

FÜR DEN SIRUP:
350 g Zucker
3 EL Zitronensaft

FÜR DEN KUCHEN:
180 g weiche Butter
50 g Zucker
Salz
1 Vanilleschote
8 Eier (Größe M)
300 g Hartweizengrieß
100 g Mehl
100 g Mohnsamen
1 Pck. Backpulver
¼ l Orangensaft

AUSSERDEM:
Butter und Semmelbrösel für das Blech
Kaymak (siehe Tipp; ersatzweise Crème double) zum Garnieren
gemahlene Pistazien zum Garnieren

Zubereitung ca. 45 Min.
Pro Portion ca. 345 kcal

1 Für den Sirup ¾ l Wasser mit dem Zucker und dem Zitronensaft in einem Topf aufkochen und in ca. 10 Min. zu einem wässrigen Sirup einkochen lassen. Den Topf vom Herd nehmen und den Sirup abkühlen lassen.

2 Den Backofen auf 180° vorheizen. Ein tiefes Backblech mit Butter ausfetten und mit Semmelbröseln ausstreuen.

3 Für den Kuchen Butter, Zucker und 1 Prise Salz mit den Quirlen des Handrührgeräts cremig rühren. Die Vanilleschote längs aufschneiden, das Mark herauskratzen und unter die Buttermasse rühren. Die Eier nacheinander unterrühren.

4 Den Grieß, das Mehl und den Mohn in eine Schüssel geben. Das Backpulver dazusieben und alles gut mischen. Die Mehlmischung nach und nach abwechselnd mit dem Orangensaft unter die Butter-Eier-Masse rühren. Den Teig auf dem Blech verteilen, glatt streichen und im Ofen (Mitte) in 35–40 Min. goldbraun backen.

5 Den Kuchen aus dem Ofen nehmen und den kalten Sirup sofort darübergießen. Den Kuchen abkühlen lassen.

6 Den Kuchen in 20 Quadrate schneiden. Zum Servieren jedes Stück kreuzweise vierteln und jeweils mit einem Klecks Kaymak und Pistazien garnieren.

TÜRKISCHE DICKE SAHNE

Kaymak ist eine sehr dicke, schnittfeste Sahneart. Sie wird ohne vorheriges Aufschlagen auf Kuchen, Desserts oder Eiscreme gegeben. Man kann sie im Lokal auch pur bestellen, nur mit etwas flüssigem Honig beträufelt. Die bei uns erhältliche Kaymak ist meist kein befriedigender Ersatz für das Originalprodukt. Verwenden Sie dann lieber Crème double oder Mascarpone.

6 İNCİ PASTANESİ

İncis Profiteroles haben Kultstatus in Istanbul. Die Pastane (Patisserie) wurde 1944 von dem griechischen Konditor Luka Zigonidis und seinem Partner eröffnet. Das Geschäft befand sich lange Zeit in der İstiklal Caddesi 124, in einem Gebäudekomplex aus dem 19. Jahrhundert, der als Cercle d' Orient bekannt war. Elegante Läden, Kinos und Theater waren in der Nachbarschaft. Im Schaufenster des »İnci Pastanesi« gab es cremegefüllte Profiteroles-Pyramiden zu bestaunen, an denen Schokoldensauce heruntertropfte – ein Schlaraffenland, das die Leute magisch anzog.

Wie Orhan Pamuk in seinem Buch »Museum der Unschuld« beschrieb, und wie sich viele ältere Istanbuler erinnern, bildeten sich zwischen acht und neun Uhr abends lange Schlangen vor der Ladentür. Denn Süßes wird in der Türkei am liebsten am Abend gegessen – nicht als Dessert, sondern als eine eigene Mahlzeit.

2012 wurde der Cercle d' Orient »restauriert«. Das Gebäude fiel dem Ökonomie-Boom zum Opfer und wurde unter dem Protest der Istanbuler in eine Shopping Mall verwandelt. Nebenbei verschwand dabei auch Istanbuls beliebtestes historisches Kino. Den leckeren Profiteroles haben die Veränderungen nichts angetan, auch wenn sie nicht mehr an einem so illustren Platz präsentiert werden. Heute befindet sich das İnci abseits der İstiklal Caddesi in einer Seitengasse.

Täglich von 7 bis 24 Uhr durchgehend geöffnet

7 ALİ MUHİDDİN HACI BEKİR

Die Haremsdamen und der Sultan selbst naschten gerne das Lokum von Ali Muhiddin Hacı Bekir. Er hatte das Unternehmen 1776 gegründet und durfte sich den Beinamen »Hacı« als Mekka-Pilger zulegen.

Lokum wird aus Zucker und Maisstärke hergestellt und mit Nüssen aller Art sowie Aromen – Rosenwasser, Zitrone, Orange, Granatapfel und Ingwer – aufs Köstlichste verfeinert. Die Geleewürfel, auch »Turkish Delight» genannt, sind ein weltweiter Exportschlager. Das Geschäft in der İstiklal Caddesi – eine von mehreren Filialen in Istanbul – bietet außer verschiedenen Arten von Lokum auch bunte Dragees, Bonbons, Marzipan und Pralinen an. Hier sind in den Regalen die altmodischen Bonbongläser mit ihrem verführerischen Inhalt dicht an dicht aufgereiht. Ein Anblick wie aus Kindertagen!
Täglich von 8.30 bis 20 Uhr geöffnet

8 KOSKA HELVACISI

Kenner beträufeln Helva mit etwas Zitronensaft und genießen dazu eine Scheibe frisches Weißbrot. Oder sie bestreuen Helva leicht mit Zimt. Spezialist für diese Süßigkeit aus der nougatartigen, in Blöcke gepressten Masse aus Sesam und Zuckersirup ist Koska. Der Name des 1907 von Hacı Adil Dindar gegründeten Geschäfts ist mittlerweile weltweit bekannt.

Helva gibt es in verschiedenen köstlichen Sorten, denen entweder geröstete Pistazien, Walnüsse oder Haselnüsse bzw. Kokosraspel oder Schokolade beigesetzt sind. Helva ist nicht nur süß, sondern ein echter Energiespender mit Omega-3-Fettsäuren, gesundem Eiweiß, Kalzium, Phosphat und Vitamin E. Weitere Spezialitäten von Koska: Tahin (Sesampaste), Pekmez (ein dicker Sirup aus Früchten wie Weintrauben, Maulbeeren, Aprikosen, Granatapfel oder Johannisbrot), Reçel (eine sirupartige Marmelade mit ganzen Fruchtstücken) und Lokum.

9 KÜRŞAT ZEYTİNYAĞI

Das wohl beste Olivenöl der Türkei stammt von der Familie Kürşat aus Ayvalık an der Nord-Ägäis. Sie ernten ihre Oliven mit größter Sorgfalt und verarbeiten sie noch am gleichen Tag. Das Ergebnis: ein hellgrünes Öl mit niedrigem Säuregehalt und zartem Duft nach Artischocken und Mandeln. Kürşat-Olivenöl wurde 2013 in Italien mit dem renommierten Flos-Olei-Preis ausgezeichnet. Tochter Zeynep Kürşat-Alamur führt im schicken Stadtteil Nişantaşı einen kleinen Laden mit dem familieneigenen Olivenöl- und Olivensortiment.

Montag bis Samstag von 10 bis 20 Uhr geöffnet

10 YASTIK BY RIFAT ÖZBEK

Der international bekannte und mit Preisen ausgezeichnete Mode-Designer Rıfat Özbek gründete 2010 das Interior-Label »Yastık by Rıfat Özbek« und entwirft seitdem vorwiegend Kissenkollektionen. Aus hochwertigen Materialien wie Samt und Seide gefertigt, verzaubern die Kissen mit ihren großflächigen Ethno-Motiven und Mustern nach Vorbildern osmanischer Stoffe und Fayencen. Sie sind nicht bloß Sofakissen, sondern dekorative Hingucker, die mit ihren Farben und Mustern jedem Raum orientalisches Flair verleihen.

Montag bis Samstag von 9 bis 18.30 Uhr geöffnet

11 THE HOUSE CAFÉ

Was ist ein House Café? Ein Ort, an dem man sich wie zu Hause fühlt, quasi wie im eigenen Wohnzimmer? Diese Erwartungen erfüllen die »House Cafés«, die seit 2002 nach und nach in verschiedenen Stadtteilen Istanbuls in stattlichen Häusern entstanden.

Das erste House Café eröffnete im Stadtteil Teşvikiye in einem Erdgeschoss-Appartement mit Garten. Mit den hohen Bäumen und jeder Menge üppigem Grün, durch das man gerade noch die nackten Außenwände der Nachbarhäuser erkennen kann, ähnelt das Ambiente des House Café einem geheimen Ort, an dem es sich herrlich ausspannen und genießen lässt.

Für das leibliche Wohl sorgt Chefkoch Coşkun Uysal, der in London studierte und mit seinem Team kleine, feine Gerichte, ähnlich den Meze, anbietet. Das kulinarische Programm reicht vom vielseitigen Frühstück bis zum Abendessen mit Freunden. Die House Cafés eignen sich für vielerlei Anlässe.

Ausstattung und Ambiente der House Cafés in den verschiedenen Stadtvierteln Istanbuls stammen vom international erfolgreichen Architektur- und Design-Team »autoban« (www.autoban212.com) und den beiden Architekten und Designern Seyhan Özdemir und Sefer Çağlar. Das Interieur zwischen modern und nostalgisch ist einzigartig und typisch für die junge, moderne Gastronomie in Istanbul.

Montag bis Donnerstag von 8 bis 1 Uhr, Freitag bis Samstag von 8 bis 2 Uhr, sonntags von 8 bis 24 Uhr geöffnet

DOMATES SOSLU KÖFTE

FLEISCHBÄLLCHEN IN TOMATENSAUCE

Für 4 Personen
FÜR DIE FLEISCHBÄLLCHEN:
400 g mageres Rinderhackfleisch
1 Ei (Größe S)
Salz | Pfeffer
je 1 Msp. gemahlener Kumin, Zimt und Nelken
2 EL Olivenöl
FÜR DIE TOMATENSAUCE:
750 g Tomaten
2 Schalotten | 1 Knoblauchzehe
2 EL Pinienkerne
1 EL Olivenöl
Salz | Pfeffer
Basilikumblätter

Zubereitung ca. 45 Min.
Pro Portion ca. 365 kcal

1 Für die Fleischbällchen Hackfleisch, Ei, ½ TL Salz, Pfeffer und die Gewürze in einer Schüssel mindestens 10 Min. glatt verkneten. Aus dem Teig 24 kleine Fleischbällchen formen. Das Öl in einer Pfanne erhitzen und die Bällchen rundum farblos anbraten (nicht durchgaren). Auf einem Teller beiseitestellen.

2 Für die Tomatensauce die Tomaten mit kochendem Wasser überbrühen, häuten, halbieren, die Kerne und die Stielansätze entfernen. Das Fruchtfleisch fein hacken. Die Schalotten und den Knoblauch schälen. Die Schalotten fein würfeln, den Knoblauch fein hacken. Die Pinienkerne in einer Pfanne ohne Fett leicht anrösten und auf einem Teller abkühlen lassen.

3 Das Olivenöl in einer Pfanne erhitzen und die Schalotten darin glasig dünsten. Den Knoblauch kurz mitdünsten und die Tomaten untermischen. Die Sauce offen ca. 5 Min. köcheln. Mit Salz und Pfeffer würzen. Die Fleischbällchen in der Sauce zugedeckt in ca. 10 Min. gar ziehen lassen, dabei ab und zu wenden. Mit Pinienkernen und Basilikumblättern bestreut servieren.

ÇERKEZ TAVUĞU

HÄHNCHENSALAT MIT WALNÜSSEN

Für 8 Personen
1 Hähnchen (ca. 1200 g)
1 Bund Suppengrün
1 TL schwarze Pfefferkörner
1 Lorbeerblatt | Salz
2 Scheiben Weißbrot (ca. 40 g; ohne Rinde)
100 ml Milch
150 g Walnusskerne
je 2 EL Walnuss- und Olivenöl
Pfeffer | 1 große Msp. Zimtpulver
1–2 EL Zitronensaft
Olivenöl und Chiliflocken *(Pul Biber)* zum Garnieren (nach Belieben)

Zubereitung ca. 45 Min. | Garen ca. 45 Min. | Abkühlen ca. 1 Std.
Pro Portion ca. 530 kcal

1 Hähnchen waschen und in einem Topf mit Wasser bedecken. Suppengrün putzen, waschen, in Stücke schneiden und mit Gewürzen und 2 TL Salz dazugeben. Hähnchen zugedeckt aufkochen und in ca. 45 Min. gar köcheln. Herausheben und abkühlen lassen. Fleisch von einer Hälfte ablösen und die Haut entfernen. Brühe und übriges Fleisch anderweitig verwenden.

2 Backofen auf 180° vorheizen. Ein Backblech mit Backpapier auslegen. Das Brot in der Milch einweichen. Walnüsse auf dem Blech verteilen und im Ofen (Mitte) 7–10 Min. rösten. Abkühlen lassen und die Häutchen zwischen den Händen abreiben.

3 Die Hälfte des Fleischs in Stücke schneiden, mit Walnüssen, ausgedrücktem Brot und den Ölen im Blitzhacker zu einer feinen Paste verarbeiten. Das restliche Hähnchenfleisch hacken und unter die Paste mischen, dabei falls nötig 2–4 EL Brühe unterrühren. Mit Salz, Pfeffer, Zimt und Zitronensaft würzen und den Salat auf einer Platte anrichten. Nach Belieben mit Olivenöl und Chiliflocken garnieren.

RUND UM SULTANAHMET

Das Herz des Osmanischen Reichs

Steigt man an der Galata-Brücke bei Eminönü in die Straßenbahn Richtung Beyazıt/Aksaray, ist man nach wenigen Minuten im Herzen des alten Istanbul, am weiträumigen Sultanahmet-Platz. Das bunte Treiben von Einheimischen und Touristen, fliegenden Postkarten- und Souvenirhändlern, Grillständen mit Maiskolben und Esskastanien sowie Anwerbern für organisierte Touren sorgt dafür, dass auf dem Platz nie Ruhe einkehrt.

Der historische Teil Istanbuls, die sogenannte Serailspitze mit den Minaretten der Hagia Sophia, der Blauen Moschee und den Türmen des Topkapı-Serails, gehört zu den kulturellen Highlights der Stadt. Man kann sich für die Besichtigung einer Gruppe mit professioneller Führung anschließen. Oder man sucht sich eigene Wege abseits der Menge durch ruhige Gassen, legt zwischen Moscheen und Museen immer wieder mal Pausen in einem Café oder Lokanta ein und genießt die frische Meeresbrise im nahen Gülhane-Park.

ZEITREISE DURCH DEN HAREM

Der Topkapı-Palast ist heute ein riesiges Museum mit zahlreichen Sammlungen. Während sich viele Besucher vor allem für die Schatzkammer, die sagenhaften Juwelen der Sultane mit dem riesigen Kaşıkçı-Diamanten interessieren, und sich an den Film »Topkapı« erinnern, sind andere auf die Geheimnisse des Harems neugierig.

Der Harem ist eine Stadt in der Stadt mit mehr als 300 Räumen, kleinen Moscheen, Bädern, Höfen und Gärten. In Spitzenzeiten sollen hier 500 Haremsdamen gelebt haben – die Favoritinnen, offizielle Frauen des Sultans, und die Nebenfrauen, die Odalisken. Zahlreiche Dienerinnen und die Schwarzen Eunuchen gehörten natürlich auch dazu.

Vom Reichtum vergangener Zeiten sprechen die opulent mit Gold und Fayencen verzierten Räume der mächtigsten Frau des Palastes, der Sultansmutter (Valide Sultan). Ebenfalls sehenswert ist das Früchtezimmer, dessen Wände farbenfroh mit Früchten und Blumen verziert sind. Man erzählt sich, dass die Bilder den Appetit von Sultan Ahmet III. (1703 – 1730) anregen sollten.

Tipp: Die Eintrittskarten für den Topkapı-Palast und seine verschiedenen Sammlungen kann man online kaufen. So spart man sich das lange Anstehen an der Kasse.

REICHE KUNST UND RUHIGE OASEN

In direkter Nachbarschaft des Topkapı-Palasts liegen das Altorientalische und das Archäologische Museum, in denen man stundenlang verweilen kann. Nach einem kurzen Spaziergang in westliche Richtung stößt man auf die Irenenkirche, die älteste Kirche von Byzanz, die heute ein Museum ist. Mit ihren schlichten Backsteinwänden und ihrer feierlich-sakralen Atmosphäre ist sie ein idealer Ort für Konzerte und andere kulturelle Events.

Verlässt man die belebte Caferiye Caddesi, wo die Straßenbahn entlangfährt, schlendert man seitwärts durch eine holperige Gasse zu der ruhig gelegenen Caferağa Medresesi. Ein anderer Spaziergang außerhalb der Touristenströme führt an der Palastmauer entlang durch die Soğuk Çeşme Sokağı mit sorgfältig von Türk Turing (ehemaliger türk. Automobilclub) renovierten Holzhäusern. Weiter führt ein Weg Richtung Marmarameer, zu einem idyllischen Viertel mit Boutique-Hotels und versteckten Restaurants, wie dem »Giritli«.

ÜBER WASSER WANDELN UND IN SÜSSIGKEITEN SCHWELGEN

Nahe der Hagia Sophia liegt der unscheinbare Eingang zum unterirdischen Yerebatan Sarayı, einer der Zisternen aus Oströmischer Zeit, die den Wasservorrat für Istanbul enthielt. Die Gewölbedecke wird von 336 antiken Säulen getragen, sodass die Zisterne wie ein geheimnisvoller Tempel wirkt. Von klassischer Musik begleitet kann man auf einem Bretterpfad über das Wasser wandeln.

Gleich um die Ecke lag ein Treffpunkt aus Hippie-Zeiten, der berühmte Puddingshop, wo sich Tramper aus aller Welt trafen und Erfahrungen austauschten. Das ist längst vorbei, aber für reichlich Süßes ist im Baklava-Laden von Hafız Mustafa immer gesorgt. Oder man entspannt einfach und tankt neue Energie in einem historischen Hamam, einem türkischen Bad, ganz in der Nähe.

SULTANAHMET IM ÜBERBLICK

Hagia Sophia, Blaue Moschee, Topkapı-Palast, Museum für Islamische Kunst und viele andere Attraktionen machen das Sultanahmet-Viertel zu einem touristischen Magneten. Täglich schlängeln sich Reisebusse die engen Straßen hinauf zu den geschichtsträchtigen Kulturdenkmälern und entlassen Tausende Besucher vor den Eingängen der Moscheen und Paläste. Die umliegenden Restaurants sind Nebensache, sie sollen neben dem Kulturgenuss einfach nur Hunger und Durst stillen. Doch für Genießer findet sich das eine oder andere kulinarische Kleinod auch hier.

Unser Spaziergang führt vom legendären Sirkeci-Bahnhof, wo einst Alfred Hitchcock und Agatha Christie mit dem Zug ankamen, über den Gülhane-Park hinauf ins Viertel rund um die Hagia Sophia, zur Sultanahmet-Moschee und zum Topkapı-Palast. Der Rundgang endet, vielleicht am frühen Abend, im gemütlichen Gastgarten des Giritli-Restaurants bei einer ausgiebigen Meze-Tafel.

1 ORIENT EXPRESS RESTAURANT

Legendärer Bahnhof mit Belle-Epoque-Atmosphäre
İstasyon Cad. 2, Gariçi, Sirkeci
Tel.: 0212 522 22 80
www.orientexpressrestaurant.com

2 GÜLHANE PARKI MIT TEEGARTEN (ÇAY BAHÇESİ)

Lustwandeln im wunderschönen Park und im Teegarten die Seele baumeln lassen
Alemdar Cad, Soğuk Çeşme Kapısı
Täglich bis 22 Uhr geöffnet

3 CAFERAĞA MEDRESESI

Kurse für traditionelles türkisches Kunsthandwerk besuchen – oder einfach im schattigen Innenhof sitzen und bei einem Tee den anderen beim Werken zuschauen
Caferiye Sok. Soğukkuyu Çıkmazı 5
Tel.: 0212 528 00 89
www.caferagamedresesi.com

4 CAĞALOĞLU HAMAMI

Entspannung alla turca – ein Besuch im Hamam kann Wunder wirken
Cağaloğlu Hamamı Sok. 34
Tel.: 0212 522 24 24
www.cagalogluhamami.com.tr.

5 SULTANAHMET KÖFTECİSİ »SELİM USTA«

Unwiderstehliche Köfte (Frikadellen)
Divanyolu Cad. 12
Tel. 0212 520 05 66
www.sultanahmetkoftesi.com

6 EDEBİYAT KIRAATHANESİ HAFIZ MUSTAFA

Pudding in zahlreichen Sorten, Feines und Süßes, wohin man blickt! Das Geschäft befindet sich in einem historischen osmanischen Gebäude mit elegantem Tearoom.
Divanyolu Cad. 14
Tel. 0212 514 90 68
www.hafizmustafa.com

7 TOPKAPI-PALASTKÜCHEN

Ein Muss für Istanbul-Reisende ist ein Besuch im Sultanspalast. Beindruckend sind die Palastküchen, sehenswert ist die Sammlung an chinesischem Porzellan.
Sultanahmet
Tel.: 0212 512 04 80
www.topkapisarayi.gov.tr
Onlinetickets (empfehlenswert) über www.muze.gov.tr

8 GİRİTLİ RESTORAN

Meze kretisch inspiriert. Am besten ein Menü bestellen und im schönen Gastgarten unter Bäumen genießen.
Keresteci Hakkı Sok. (beim Armada-Hotel), Cankurtaran/Ahırkapı
Tel.: 0212 458 22 70 (-71)
www.giritlirestoran.com

Galata-Brücke
MISIR
Resadiye Cad.
Yeni Cami
Mısır Çarşısı
Sirkeci-Ufer
1
Sirkeci-Bahnhof
Eminönü
Gülhane Parkı
7
Kennedy Cad.
Topkapi-Palast
Cağaloglu Hamamı
4
2
Alay Köskü Cad.
Zeynep Sultan Cad.
Alemdar Cad.
3
Yerebatan Sarnıcı
Hagia Sofia
6
5
Divan Yolu Cad.
Sultanahmet-Platz
Haseki Hürrem Hamamı
Bab-ı Hümayun Cad.
Blaue Moschee
Kerestecı Hakkı Sk.
8
Ahırkapı

1 ORIENT EXPRESS RESTAURANT

An den legendären Luxuszug, den Orient-Express, erinnet das gleichnamige Restaurant im Sirkeci-Bahnhof. Es wurde von dem Architekten und preußischen Baubeamten August Jasmund im Stil des europäischen Orientalismus erbaut und 1890 eröffnet. In dem Restaurant konnten die wohlhabenden Reisenden aus Paris standesgemäß empfangen werden, bevor sie im mondänen Pera Palace oder im Grand Hotel Londra abstiegen. Für den Film »Mord im Orient Express« wurden übrigens Szenen im Sirkeci-Bahnhof gedreht.

Auch wenn die Zeit der luxuriösen Bahnreisen vorbei ist, die Gäste heute genießen die besondere Atmosphäre der Räume ebenfalls und schwelgen in nostalgischen Erinnerungen an die Belle Epoque.

Der Sirkeci-Bahnhof wurde 2013 stillgelegt. Deshalb können jetzt nicht nur im Restaurant, sondern auch auf dem ehemaligen Bahnsteig daneben, an weiß gedeckten Tischen authentische türkische Gerichte serviert werden, zum Beispiel Kağıtta Pastırma (in Papier gebackenes, würziges Trockenfleisch).

2 GÜLHANE PARKI

Weitläufige Rasenflächen, gepflegte Gehwege und Blumenbeete zwischen riesigen, Schatten spendenden Bäumen – der Gülhane Parkı ist für Istanbuler und Besucher der Stadt der schönste Platz zum Abschalten im pulsierenden Leben des Viertels rund um die Sultanahmet-Moschee und den Topkapı-Palast.

Der Park, der innerhalb der zinnenbewehrten äußeren Palastmauern liegt, diente den Sultanen als Gelände zur Erholung sowie für Ritterspiele und zum Bogenschießen. Auch prächtige Paraden und Festumzüge der Handwerkszünfte fanden hier statt. 1839 wurde im Gülhane Parkı ein wichtiger Erlass verkündet, der später Teil der Verfassung wurde.

Ab 1912 wurde der Park nach und nach der Öffentlichkeit zugänglich gemacht. Heute ist der Gülhane (Rosenhaus) Parkı ein gepflegter, sorgfältig gestalteter Volksgarten mit Brunnen, Gewächshäusern und Pavillons. Hier kann man sich auf einer Bank ausruhen, zwischen picknickenden türkischen Familien im Gras liegen oder im Teegarten am Ende des Parks die Aussicht auf den Bosporus genießen.

Die Straßenbahnhaltestelle befindet sich nicht weit vom Haupteingang Soğuk Çeşme Kapısı gegenüber der Hohen Pforte.

Der Eintritt in den Park ist kostenlos.
Täglich bis 22 Uhr geöffnet

4 CAĞALOĞLU HAMAMI

Zum Reinigen des Körpers und gleichzeitigen Entspannen gibt es nichts Schöneres als das Türkische Bad, den Hamam. Nach einem Besuch dort fühlt man sich nicht nur total sauber, sondern wie neu geboren!

Als die Osmanen 1453 Byzanz (das heutige Istanbul) eroberten, übernahmen sie in der Hauptstadt des Oströmischen Reichs begeistert die Badehäuser und optimierten ihre Architektur. Unter Süleyman dem Prächtigen (1494 – 1566) entstanden neue, noch heute bewunderte Hamams. Da Reinlichkeit ein wichtiger Teil des islamischen Lebens ist, wurden Hamams in allen Vierteln der Stadt errichtet. Doch die Bäder waren nicht nur Orte zur Körperreinigung und Entspannung, sie waren auch soziale Zentren. Damals wie heute sind die Hamam-Besuchszeiten für Männer und Frauen getrennt.

WIE NEU GEBOREN

Der Cağaloğlu Hamamı ist ein historischer Hamam im alten Viertel von Istanbul. Er war einer der ersten, der sich auf ausländische Gäste eingestellt hatte, und ist deshalb sehr gut besucht. Wie bei den meisten alten Hamams fällt durch eine prachtvolle Kuppel gedämpftes Licht in das Bad und sorgt für eine schöne Stimmung.

Ein Hamam-Besuch erfolgt nach bestimmten Regeln und Ritualen. Man sollte sich eineinhalb bis zwei Stunden Zeit dafür nehmen. Im Eingangs- und Umkleidebereich (Camekan) gibt es Wertmarken für verschiedene Anwendungen wie Körperpeeling, Massage und kosmetische Behandlungen, außerdem Handtücher, Seifen und ein langes Tuch zum Umwickeln (Peştemal). Komplett nackt hält man sich im Hamam übrigens nie auf.

Von der Kaltwasserabteilung (Soğukluk) geht es in die heiße Abteilung (Hararet) mit einer riesigen Marmorplatte, dem Göbektaşı (Bauchstein) in der Mitte, auf die man sich zum Schwitzen, Abrubbeln und Massieren legt. Nach heißen und kalten Waschungen an Marmorbecken ist auf weichen Polstern nur noch Ruhen, Entspannen und Teetrinken angesagt.

ALLES FÜR DEN HAMAMBESUCH

Im »Derviş«, dem Laden der Brüder Tayfun Malik und Taner Utkan, findet man Schönes und Praktisches für den Hamam-Besuch oder als Mitbringsel: hochwertige Tücher aus Seide, Wolle, Baumwolle und Leinen, Bademäntel, Ziegenhaar-Massagehandschuhe, Olivenseifen mit natürlichen Duftstoffen und Behälter aus Messing.
Keseciler Cad. 33 – 35 und Halıcılar Cad. 51,
Kapalıçarşı (beim Großen Basar) | *www.dervis.com*

WEITERE BELIEBTE HAMAMS

Mit der Entstehung privater Badezimmer im 20. Jahrhundert wurden viele Hamams vernachlässigt. Von den 237 Hamams in Istanbul sind noch 60 in Betrieb, darunter wunderschöne historische Gebäude.

Ayasofya Hürrem Sultan Hamamı
Ein aufwendig restaurierter historischer Hamam zwischen Hagia Sofia und Sultanahmet-Moschee
Ayasofya Meydanı 2, Sultanahmet
www.ayasofyahamami.com
Für Damen und Herren von 8 bis 22 Uhr geöffnet

Çemberlitaş Hamamı
Der vom berühmten Architekten Mimar Sinan 1584 erbaute Hamam besticht durch authentische Atmosphäre.
Vezirhan Cad. 8, Çemberlitaş
www.cemberlitashamamı.com
Für Damen und Herren von 6 bis 24 Uhr geöffnet

Kılıçalipaşa Hamamı
Der historische Hamam wurde 2012 nach sorgfältiger Restauration wieder eröffnet.
Hamam Sok. 1, Tophane
www.kilicalipasahamami.com
Für Damen von 8 bis 16 Uhr,
für Herren von 16.30 bis 23.30 Uhr geöffnet

Galatasaray Hamamı
Das historische türkische Bad unweit der İstiklal Caddesi wird von Einheimischen und Touristen genutzt.
Turnacıbaşı Sok. 24, Galatasaray
www.galatasarayhamami.com
Für Damen von 8 bis 21 Uhr,
für Herren von 7 bis 22 Uhr geöffnet

ALEMDAR
MAH.
32 - 36
24
34
GUIDES
CAĞALOĞLU HAMAMI

3 CAFERAĞA MEDRESESİ

In einer kleinen Gasse seitlich der Hagia Sophia liegt die »Caferağa Medresesi«, ein Zentrum für traditionelles türkisches Kunsthandwerk. Die Medrese wurde 1559, also zur Zeit Sultan Süleymans des Prächtigen, vom Star-Architekten Sinan als Schule erbaut. Bauherr war Cafer Ağa, der Chef der Schwarzen Eunuchen. Die Unterrichtsräume liegen um einen quadratischen Innenhof. Heute wird darin das Marmorieren von Papier (Ebru), Stoffdruck, Miniatur-, Porzellan- und dekorative Malerei, Stickerei, Keramik und Schmuckherstellung unterrichtet. Darüberhinaus gibt es Kurse für Laute (Ud), Rohrflöte (Ney) und Gitarre. Für die Kurse kann sich jeder anmelden.

Im beschaulichen öffentlichen Innenhof gibt es Tee und türkisches Essen – ein idealer Ort für eine Auszeit vom Trubel des historischen Viertels.

5 SULTANAHMET KÖFTECİSİ »SELİM USTA«

Wer einen echten Istanbuler nach den besten Köfte (türk. Frikadellen) fragt, wird zum Sultanahmet-Platz zu Tarihi Sultanahmet Köftecisi »Selim Usta« geschickt. Das Lokal besteht seit 1920 und wird mittlerweile in der vierten Generation betrieben. Die Auswahl der Speisen ist immer gleich: Köfte aus Kalbfleisch, Şişkebap (Fleischspieße) und Piyaz (Salat aus weißen Bohnen). Alles ist stets köstlich und frisch, der Service freundlich und schnell. Bezahlt wird übrigens nicht beim Kellner, sondern direkt beim Patron am Ausgang. Kurzum: Das Selim Usta ist eine gute Adresse für einen unkomplizierten Lunch während einer Besichtigungstour.

Wie beliebt und angesehen das Lokal bei Einheimischen ist, zeigen die Fotos mit Prominenten aus Wirtschaft, Showbusiness und Politik, die die Wände rundherum schmücken.

6 EDEBİYAT KIRAATHANESİ HAFIZ MUSTAFA

Hier bleibt kein süßer Wunsch offen! Während man an der Tramhaltestelle am Sultanahmet-Platz die Augen umherwandern lässt, fällt der Blick auf Fenster mit unglaublichen Süßigkeiten: verlockende Schälchen mit Pudding, Pyramiden aus Lokum, üppige Obsttörtchen und zahlreiche Sorten Baklava. Und erst im Innern der Confiserie! An den meterlangen Theken könnte man ein vielgängiges Menü nur aus Süßem zusammenstellen.

»Hafız Mustafa« ist die Adresse für alles, was »Turkish Delight« (türkische Freude) ausmacht. Gegründet wurde das Geschäft 1864 in Eminönü, wo heute noch der Stammsitz ist. Hafız Mustafa handelte schon immer mit Konfekt und Gebäck, und viele Süßigkeiten werden wie seit jeher in Handarbeit hergestellt.

Vor allem am Ende des Fastenmonats Ramadan, wenn zum Zuckerfest (Şeker Bayramı) kiloweise Baklava und Konfekt gekauft werden, läuft das Geschäft hier und in den zahlreichen Zweigstellen in allen Stadtteilen blendend. Feine Tee- und Kaffeesorten sowie Reçel (eine sirupartige Marmelade mit Fruchtstücken) machen das kulinarische Angebot komplett.

Hafız Mustafa findet man am Sultanahmet-Platz im Gebäude der Literaturstiftung Edebiyat Kıraathanesi gegenüber der Straßenbahnhaltestelle. Es lohnt sich, einen Blick in die Buchhandlung der Literaturstiftung zu werfen, auch wenn man kein Türkisch spricht. Die volkstümliche Literatur ist häufig wunderschön illustriert.

PRENSES BAKLAVA

BAKLAVA MIT PISTAZIEN

Baklava ist die Hohe Schule der orientalischen Patisserie. Doch keine Angst, für dieses köstliche Schichtwerk müssen Sie nicht stundenlang in der Küche stehen. Dank fertig gekauftem hauchdünnen Filoteig können Sie damit jederzeit punkten.

Für 12 Stücke

FÜR DEN SIRUP:

250 g Zucker
1 EL Zitronensaft

FÜR DIE BAKLAVA:

70 g Butterschmalz
200 g ungesalzene Pistazienkerne
3 Blätter Filoteig (*Filo Yufkası;* aus dem Kühlregal, ca. 32 × 45 cm)
70 g Crème double

Zubereitung ca. 50 Min. | Backen ca. 20 Min.
Pro Portion ca. 275 kcal

1 Für den Sirup ¼ l Wasser mit dem Zucker und Zitronensaft in einem Topf aufkochen und ohne Deckel in ca. 15 Min. zu einem dünnflüssigen Sirup köcheln. Den Topf vom Herd nehmen und den Sirup abkühlen lassen.

2 Für die Baklava den Backofen auf 160° vorheizen. Das Butterschmalz schmelzen. Eine ofenfeste Form (ca. 28 × 20 cm) mit dem Butterschmalz ausstreichen. 24 Pistazienkerne zum Garnieren beiseitelegen, die restlichen im Blitzhacker fein mahlen.

3 Auf der Arbeitsfläche die Filoteigblätter übereinanderlegen und quer halbieren. 5 Teighälften locker zusammenfalten und beiseitelegen. Die übrige Hälfte so auslegen, dass die schmalen Seiten nach oben und unten zeigen. Einen Schaschlikspieß in ca. 3 cm Abstand vom unteren Rand hinlegen und den Teig darüber nach oben klappen. Die untere Hälfte des Teigs mit einem Zwölftel der gemahlenen Pistazien bestreuen und den Teig mithilfe des Spießes bis zur Mitte fest aufrollen.

4 Den Teig so drehen, dass die Rolle oben liegt. Die restliche Teighälfte mit einem zweiten Schaschlikspieß wie die erste Hälfte aufrollen, dabei den Teig vorher ebenfalls mit einem Zwölftel der gemahlenen Pistazien bestreuen. Die beiden Spieße aus den Teigrollen ziehen. Die Baklava-Doppelrollen quer in die Form legen, dabei leicht zusammenstauchen, in der Mitte soll ein schmaler Streifen zum Füllen frei bleiben.

5 Die restlichen Teigblatthälften wie die erste Hälfte bestreuen und aufrollen. Die Teigrollen nebeneinander in die Form legen. Die Baklava im Ofen (Mitte) in 15 – 20 Min. hellgelb und knusprig backen. Dann herausnehmen und den Sirup darübergießen. Die Baklava 5 – 10 Min. abkühlen lassen.

6 Die Crème double in einen Spritzbeutel mit kleiner Lochtülle füllen. In die Mitte der Baklavastreifen jeweils eine dicke Linie Crème double spritzen und mit 4 Pistazienkernen garnieren. Die Baklava ganz abkühlen lassen. Die Baklavastreifen in der Mitte halbieren und auf Teller verteilen.

hafiz mustafa

ZERDE

HOCHZEITSREIS MIT SAFRAN UND ROSENWASSER

Schlemmen wie im Palast des Sultans! Diese leuchtend gelbe Süßspeise wird traditionell mit opulentem Safran- und Rosenaroma zubereitet. Besonders hübsch sieht der Pudding in geschwungenen türkischen Teegläsern aus.

Für 4 Personen

FÜR DEN PUDDING:

60 g Milchreis
100 g Zucker
1 Tütchen Safranfäden (0,01 g)
2 TL Speisestärke
3 EL Rosenwasser *(Gül Suyu)*

ZUM GARNIEREN:

4 TL gemahlene Mandeln
4 TL Kokosraspel
4 TL gehackte Pistazienkerne
4 TL kleine Korinthen *(Kuşüzümü)*

Zubereitung ca. 20 Min. | Abkühlen ca. 2 Std.
Pro Portion ca. 305 kcal

1 Für den Pudding den Reis in einem Sieb waschen, abtropfen lassen und mit 600 ml Wasser und dem Zucker in einem Topf aufkochen. Den Reis mit halb aufgelegtem Deckel bei schwacher Hitze in ca. 40 Min. weich kochen.

2 Den Safran in einem Schälchen in 3 EL heißem Wasser ca. 5 Min. einweichen. Dann mit dem Einweichwasser unter den Reis rühren. Die Speisestärke mit dem Rosenwasser glatt rühren und zum Safranreis geben. Alles unter Rühren aufkochen, bis der Reispudding andickt, aber noch leicht flüssig ist.

3 Den Reispudding auf Dessertschälchen verteilen, auf Zimmertemperatur abkühlen und bis zum Servieren im Kühlschrank durchkühlen lassen. Jeden Pudding mit 1 TL Mandeln, Kokosraspeln, Pistazienkernen und Korinthen garnieren.

VARIANTE

Anstelle von Mandeln, Kokos und Korinthen kann man das intensiv gelbe Dessert auch mit roten Granatapfelkernen und mit grob gehackten grünen Pistazienkernen garnieren.

CEVİZLİ VE FISTIKLI KADAYIF

GEFÜLLTE FADENTEIGRÖLLCHEN

Sehr praktisch, dass es den feinen Fadenteig für dieses Gebäck fertig zu kaufen gibt. So können Sie sich ganz auf die kunstvolle Zubereitung der mit Walnüssen und Pistazien gefüllten Süßigkeit konzentrieren – und natürlich aufs Genießen!

Für ca. 20 Portionen

FÜR DEN SIRUP:

250 g Zucker
1 EL Zitronenwasser
1 EL Orangenblütenwasser (*Portakal Çiçeği Suyu;* nach Belieben)

FÜR DAS GEBÄCK:

125 g Butterschmalz
350 g Fadenteig (*Kadayıf;* aus dem Kühlregal)
100 g Walnusskerne
100 g ungesalzene Pistazienkerne
100 g ungesalzener Zopfkäse (*Dil Peyniri;* ersatzweise Mozzarella)

Zubereitung ca. 50 Min. | Backen ca. 40 Min.
Pro Portion ca. 235 kcal

1 Für den Sirup den Zucker mit 300 ml Wasser und dem Zitronensaft aufkochen und offen ca. 15 Min. zu einem dünnflüssigen Sirup einköcheln lassen. Vom Herd nehmen und abkühlen lassen. Nach Belieben mit Orangenblütenwasser aromatisieren.

2 Für das Gebäck das Butterschmalz in einem kleinen Topf schmelzen. Eine eckige ofenfeste Form (ca. 22 × 28 cm) mit etwas Butterschmalz ausfetten. Den Backofen auf 180° vorheizen.

3 Den Fadenteig auf der Arbeitsfläche auslegen und mit einem leicht feuchten Küchentuch bedecken. Die Walnuss- und die Pistazienkerne mittelfein hacken. Den Zopfkäse in 5 mm dünne, ca. 5 cm lange Stücke schneiden.

4 Ein Arbeitsbrett mit einem großen Bogen Frischhaltefolie belegen, dabei den oberen Teil der Folie unter das Brett klemmen. Den Fadenteig mit einer Schere in ca. 11 cm lange Stücke schneiden. Ein kleines Fadenbündel (ca. 18 g) abnehmen und auf dem unteren Ende der Folie zu einem ca. 18 × 11 cm großen Streifen auslegen. Den Teig mit einem Wassersprüher benetzen.

5 An den unteren Rand des Streifens gehackte Nüsse (nach Belieben eine Sorte oder gemischt) streuen, darauf einen Streifen Käse legen. Die Teigfäden mit Hilfe der Folie in Fadenrichtung fest aufrollen. Die Rolle beiseitelegen.

6 Das Arbeitsbrett erneut mit Frischhaltefolie belegen und auf die gleiche Weise weitere Rollen formen, bis die Zutaten aufgebraucht sind. Die Rollen mithilfe der Folien nebeneinander in die Form legen. Die Teigrollen mit dem Butterschmalz bestreichen und im Ofen (Mitte) in 30–40 Min. goldbraun backen. Die Form aus dem Ofen nehmen und den Sirup darüber verteilen. Die Rollen in der Form abkühlen lassen, dann längs halbieren und frisch servieren.

7 TOPKAPI-PALASTKÜCHEN

Nach der Eroberung Konstantinopels 1453 durch den osmanischen Herrscher Mehmet II. entstand auf der Landspitze zwischen Goldenem Horn und Marmarameer das Herrschaftszentrum: der Topkapı-Serail (Palast). Topkapı heißt übersetzt »Kanonentor« und bezieht sich auf die Palast-Kanonengießerei. Topkapı war der neue Wohn- und Regierungssitz der Osmanen. Die Palastanlage besteht aus mehreren, in vier Höfe unterteilte Gebäude in einem großen Park, in der etwa 5 000 Bewohner lebten.

Im zweiten Hof befindet sich der riesige Küchentrakt. Man erkennt ihn schon von Weitem an der Reihe der auf Kuppeln stehenden Kamine, die zwischen den Dächern und Türmen an der Ostseite des Serails herausragen. In den zahlreichen Küchen wurde ab dem 16. Jahrhundert täglich für 3 000 bis 5 000 Personen gekocht, an Feiertagen verköstigte man sogar bis zu 15 000 Menschen.

Die osmanischen Küchenchefs müssen Meister der Logistik gewesen sein. Straff wie eine Armee war die Küchenbrigade trainiert und organisiert. An der Spitze stand der Oberste Koch, der Aşçıbaşı, der acht Chefköche befehligte. Ihnen wiederum unterstand ein Bataillon von je 60 Unterköchen und 200 Bediensteten fürs Grobe. Dem Obersten Koch war der Oberste Süßigkeitenkoch gleichgestellt, der Helvacıbaşı, auf dessen Kommando weitere 150 Köche hörten. Sie entzückten mit ihren süßen Köstlichkeiten nicht nur die Haremsdamen.

PRUNKVOLL AUFGETISCHT UND PRÄCHTIG UNTERHALTEN

Die strategische Planung erstreckte sich bis in die Kochtöpfe und Pfannen der zehn Küchen und ihren Unterküchen. In einer Küche dampften Suppen in riesigen Kesseln, in weiteren Küchen garten Hühnchen oder Gemüse in verschiedenen Zubereitungsarten über offenen Herdfeuern. Auf der Tafel des Sultans fehlte es nicht an Abwechslung, denn aus den neu eroberten Ländern flossen bald schon kulinarische Ideen in die Metropole. Von diesen vielfältigen Einflüssen profitieren heute noch Istanbuls Küchen. Berühmte und beliebte Gerichte, die man auf vielen Speisekarten findet: İmam Bayıldı (Der Imam fiel in Ohnmacht, siehe S. 22), Zentinyağlı Enginar (Artischocken in Olivenöl, siehe S. 159) und Zerde (Hochzeitsreis mit Safran und Rosenwasser, siehe S. 107).

OHNE KOCHBUCH, ABER MIT ALLEN SINNEN GEKOCHT

Eine Aufstellung aus der Zeit Süleyman des Prächtigen nennt als Tagesration für die Palastküche 200 Hammel, 100 Lämmer, 60 Gänse, 200 Perlhühner und 400 Hühner. Besonders verschwenderisch ging es bei Staatsbanketten zu, wenn der Hofstaat in seiner ganzen Pracht erschien. Bis zu 70 verschiedene Gerichte wurden auf Silberplatten serviert und die Gäste zudem von Artisten, Musikanten und Spaßmachern unterhalten.

Kochbücher gab es damals noch nicht, doch Küchentagebücher, in denen die getätigten Einkäufe sowie die Namen und Zutaten von Gerichten aufgezeichnet wurden. Das Wissen über die Zubereitung der Gerichte wurde von Koch zu Koch weitergegeben. Als einst ein französischer Koch nach Rezepten fragte, erhielt er zur Antwort: »Ein königlicher Küchenchef kocht mit seinen Sinnen, mit Gefühl, mit den Augen und mit der Nase.« In einer guten türkischen Küche werden noch heute die Rezepte mündlich von der Mutter an die Kinder weitergegeben und die Gerichte mit allen Sinnen zubereitet.

OSMANISCHE KÜCHE IM »ASİTANE«

Wer Gerichte der Palastküche probieren möchte, sollte sich im »Asitane«-Restaurant nahe der Kirche des Chora-klosters (hinter dem Hotel Kariye) einen Tisch reservieren. Hier werden authentische Gerichte serviert, wie sie zur Zeit der Sultane auf den Tisch kamen. Das Asitane hat rund 200 Rezepte gesammelt, die je nach Jahreszeit als Sommer-, Winter- oder Ramadan-Menüs auf der Speisekarte stehen.

Kariye Camii Sok. 6, Edirnekapı
Tel.: 0212 635 79 97 | www.asitanerestaurant.com

KUNST IN DER KLOSTERKIRCHE

Die Kirche des Choraklosters, die sich neben dem Restaurant »Asitane« befindet, ist mit ihren wunderbaren Fresken und Mosaiken unbedingt einen Besuch wert. Am besten nimmt man von Aksaray die Metro bis Topkapı Ulubatlı und fährt von dort mit dem Taxi weiter.

Kariye Camii Müzesi, Kariye Camii Sokağı 26, Edirnekapı
Tel.: 0212 631 92 41 | www.choramuseum.com
Täglich von 9 bis 16.30 Uhr (außer Mittwoch) geöffnet

SilverCrown

RAMADAN – DER FASTENMONAT

Der Ramadan stellt für strenggläubige Muslime die »Küchenuhr« auf den Kopf. 29 Tage lang darf von Sonnenauf- bis Sonnenuntergang nichts gegessen, nichts getrunken und nicht geraucht werden. Auch auf Sex muss verzichtet werden. Das Fastengebot im heiligsten Monat des islamischen Kalenders, auch »Sultan der elf Monate« genannt, wird als geistige und körperliche Disziplinübung und als Möglichkeit zur Selbstbesinnung betrachtet.

İFTAR – FASTENBRECHEN NACH SONNENUNTERGANG

Der Prophet Mohammed hat jedoch schon dafür gesorgt, dass die Gläubigen nicht vom Fleisch fallen. Wenn nach Sonnenuntergang an den Minaretten die Lichterketten aufleuchten, ruft der Muezzin zum Gebet – dann ist endlich Zeit für İftar, das Fastenbrechen.

İftar beginnt mit einem Schluck Wasser, mit einer Dattel oder Olive und mit einer Suppe. Es folgen verschiedene kalte und warme Vorspeisen, ein Hauptgericht und Früchte. Güllaç, papierdünne Reismehlfladen, die in süßer Milch erhitzt, mit Rosenwasser parfümiert und mit Pistazien bestreut wurden, ist die von allen erwartete Süßigkeit. Es gibt sie nur während des Ramadan.

KOCHEN MIT LEEREM MAGEN

In der Familie haben die Hausfrauen die Gerichte für den İftar mit besonderer Sorgfalt vorbereitet, und für den Abend Verwandte, Nachbarn oder Freunde eingeladen. Aus den Bäckereien dringt köstlicher Duft. Die Türme von noch warmen Fladenbroten, wie sie nur im Fastenmonat gebacken werden – flach, oval oder rund – mit Sesam und Schwarzkümmel bestreut, werden zusehends kleiner. Ging man früher nach dem İftar-Essen aus, um sich von Theater, Schattenspiel mit Karagöz, dem türkischen Eulenspiegel, Gauklern und Akrobaten unterhalten zu lassen, übernimmt heute allerdings häufig das Fernsehen die Abendunterhaltung.

Zwei Stunden vor Sonnenaufgang beginnt mit dem Sahur, dem Nachmitternachtsmahl, die letzte Gelegenheit zum Essen. Man stärkt sich mit einer leichten Mahlzeit, einer Art Brunch, einer Suppe, Brot, Käse und Früchten für den Tag. In religiös geprägten Stadtteilen ziehen Männer zum Sahur mit Pauken durch die Straßen und machen großen Lärm, damit jeder weiß: Ein neuer Fastentag beginnt. Übrigens sind Kranke, Schwangere und Reisende vom Fasten befreit.

ŞEKER BAYRAMI – SÜSSE BELOHNUNG

Der Ramadan fällt jedes Jahr in eine andere Zeit, weil der islamische Kalender sich am Mond orientiert. Er ist daher um elf Tage kürzer als unser Sonnenjahr. Şeker Bayramı, das Zuckerfest (eigentlich heißt es Dankesfest, Şükür Bayramı), wird am Ende des Ramadan von allen gefeiert – ob sie gefastet haben oder nicht. Istanbuls Confiserien und Patisserien (Pastahane), haben dann Hochkonjunktur. Denn Süßes wird nicht nur für zu Hause gekauft, sondern auch für Eltern, Freunde, Kollegen, also für alle, die einem nahestehen. Der Einkauf ist Männersache. Kiloweise gehen dann Baklava oder Lokum, Helva, Schokolade oder Bonbons in Geschenkverpackungen über die Ladentheken.

FASTENBRECHEN MIT PICKNICK

Zum İftar, dem Fastenbrechen, sind überall Tische gedeckt, in Lokalen, in kleinen Gassen vor den Läden und in Parks. Bereits am späten Nachmittag wimmelt der Sultanahmet-Platz von Einheimischen. Auf den Rasenflächen werden frohgelaunt Picknickdecken ausgebreitet. Familienväter heizen Kohleöfchen für den Tee an. Frauen sitzen plaudernd zusammen, Kinder spielen ausgelassen, Verkäufer mit Zuckerwatte, Spielzeugkreiseln und Luftballons schlendern zwischendurch. Vor einem Verkaufsstand des Sultanahmet Köftecisi »Selim Usta« hat sich eine lange Schlange für ein Picknick mit Köfte (gegrillten Fleischbällchen) gebildet. Fliegende Händler bieten neben dem Rasen Tischdecken, Getränke und frisch gebackenes Fladenbrot an.

Ein Mann, der sich mit einem dicken, runden Turban als Sultan verkleidet hat, und weitere Männer, die als Janitscharen (Soldaten des Sultans) kostümiert sind, streben der kleinen Arena vor der Sultanahmet-Moschee zu, wo das Fastenbrechen eingeleitet wird, Vorträge über Religion gehalten werden und wo musiziert wird.

Wenn die Sonne hinter den Minaretten verschwindet und der Muezzin gerufen hat, darf endlich gegessen werden. Und vielleicht gibt es später noch ein Feuerwerk.

»AUFGRUND MEINER HERKUNFT VERSTEHE ICH MICH ALS BOTSCHAFTERIN DER GESUNDEN MITTELMEERKÜCHE.« (AYŞE ŞENSILAY)

8 GİRİTLİ RESTORAN

In Ahırkapı auf der historischen Halbinsel, einem der ältesten Viertel Istanbuls, liegt das »Giritli« wie in einer Oase unterhalb der Topkapı-Palastmauer und nahe dem Marmarameer. Es bewirtet seine Gäste im Sommer in einem verschwiegenen mediterranen Garten, im Winter in einem original Istanbuler Holzhaus.

KRETISCHE KÜCHE AM MARMARAMEER

Aus der Küche von Ayşe Şensılay, der Chefin und Köchin des Restaurants, kommen so viele, teils ungewöhnliche Meze, dass die Hauptgerichte fast eine Nebenrolle zu spielen scheinen. Unverkennbar ist der griechische Einfluss – bei den Meze und beim Ambiente des Lokals.

Ayşe Şensılay stammt aus einer türkisch-kretischen Familie. Hier am Marmarameer vertritt sie mit dem Giritli die kreative, natürliche Küche Kretas und der Türkei. In einer kleinen Küche werden zahlreiche aromatische Meze, in einem Steinbackofen in einer Gartenecke frische Fladenbrote und würzige Grillgerichte zubereitet.

REMBETIKO UND RAKI ZU MEZE

Im Giritli gibt es nur feste Menüs mit zwölf verschiedenen Meze. Als Hauptgang steht eins der wechselnden Tagesgerichte zur Wahl, sehr gefragt ist Fisch. Nicht nur an den Wochenenden sind alle Tische bis auf den letzten Platz besetzt, und bei Rakı und dezenter griechischer und türkischer Musik (Rembetiko und türkische Folklore, Pop und Arabesk) denkt niemand so bald ans Gehen.

ISTANBUL-FRÜHLINGSFEST

Das Giritli war mit den Bewohnern und Geschäftsleuten des Ahırkapı-Viertels aktiv am Wiederbeleben des traditionellen »Hıdrellez«, des Istanbul-Frühlingsfests, beteiligt. Es wird seit alter Zeit im östlichen Mittelmeerraum gefeiert und findet jährlich am 5. Mai statt. Das Fest basiert auf einer Legende, nach der sich die Propheten Hızır und İlyas auf der Erde treffen und den Menschen dabei helfen, Wünsche zu erfullen. Es ist ein ausgelassenes Fest, Streetfood in allen Varianten wird an diesem Tag im Ahırkapı-Viertel angeboten und berühmte Roma- und Gipsy-Musikkapellen sorgen für Stimmung.

PEYNİRLİ ZEYTİN SALATASI

OLIVENSALAT MIT KÄSE

Für 4 Personen
250 g leicht bittere grüne Oliven
70 g *Tulum Peyniri* (fester Ziegenkäse)
50 g Walnusskerne
1 Knoblauchzehe
6 EL gutes Olivenöl
ca. 2 EL Zitronensaft
½ TL getrockneter Oregano
je ½ TL gemahlener Piment, Kumin und Koriander
¼ TL Zimtpulver
Pfeffer

Zubereitung ca. 30 Min. | Marinieren mind. 1 Std.
Pro Portion ca. 355 kcal

1 Die Oliven abtropfen lassen, quer halbieren und die Steine entfernen. Den Ziegenkäse in ca. 8 mm große Würfel schneiden. Die Walnusskerne grob hacken. Oliven, Käse und Walnüsse in eine Schüssel geben.

2 Den Knoblauch schälen und durch die Knoblauchpresse in eine kleine Schüssel drücken. Das Olivenöl, 2 EL Zitronensaft, den Oregano und die Gewürze dazugeben und alles zu einer Marinade verrühren.

3 Die Marinade zu der Olivenmischung geben und alles gut verrühren. Den Olivensalat zugedeckt mindestens 1 Std. marinieren. Vor dem Servieren mit Zitronensaft abschmecken.

PANCAR SALATASI

ROTE-BETE-SALAT

Für 4 Personen
1 kg kleine Rote Beten
2 Knoblauchzehen
¼ Bund Petersilie
4 EL Rotweinessig
4 EL gutes Olivenöl
Salz
Pfeffer

Zubereitung ca. 20 Min. | Garen ca. 1 Std. | Marinieren mind. 1 Std.
Pro Portion ca. 175 kcal

1 Die Roten Beten waschen und in einem Topf mit Wasser bedeckt zum Kochen bringen. Die Knollen in ca. 1 Std. weich köcheln. Dann abgießen, abschrecken und abkühlen lassen.

2 Die Roten Beten dünn schälen, halbieren und in gut ½ cm dicke Scheiben schneiden. Den Knoblauch schälen und in feine Würfel schneiden. Die Petersilie waschen und trocken schütteln, die Blätter abzupfen und nicht zu fein hacken.

3 In einer Schüssel Essig und Olivenöl mit Salz und Pfeffer verrühren. Die Roten Beten dazugeben und mit der Marinade mischen. Den Knoblauch und die Petersilie untermischen.

4 Das Gemüse zugedeckt mindestens 1 Std. marinieren lassen. Vor dem Servieren mit Salz und Essig abschmecken.

BUĞDAYLI KARALAHANA

SCHWARZKOHL MIT WEIZEN

Für 4 Personen
400 g Schwarzkohlblätter ohne Stiele (*Karalahana;* ersatzweise Kohlrabi- oder Wirsingblätter)
Salz
30 g Ebli-Weizen
2 kleine Frühlingszwiebeln
1 Knoblauchzehe
6 Walnusskerne
4 EL Olivenöl
¼ TL Zucker
Pfeffer
2 EL Petersilie
½ EL Thymian

Zubereitung ca. 40 Min. | Abkühlen ca. 45 Min.
Pro Portion ca. 165 kcal

1 Die Kohlblätter waschen und in reichlich kochendem Salzwasser 6–7 Min. blanchieren. Kalt abschrecken und in einem Sieb abtropfen lassen. Den Ebli-Weizen in ½ l kochendem Wasser ca. 10 Min. garen. In ein Sieb abgießen und abtropfen lassen.

2 Die Kohlblätter zuerst längs in ca. 3 cm breite, dann quer in ca. 5 mm breite Streifen schneiden. Die Frühlingszwiebeln putzen, waschen und den weißen Teil in 5 mm breite Ringe schneiden. Den grünen Teil in feine Streifen schneiden. Den Knoblauch schälen und fein hacken. Die Walnusskerne grob hacken.

3 In einem Topf 3 EL Olivenöl erhitzen und die weißen Frühlingszwiebelringe, Knoblauch und Nüsse darin 3–4 Min. dünsten. Den Kohl dazugeben und alles weitere 3 Min. dünsten. Mit Salz, Zucker und Pfeffer würzen. Den Ebli-Weizen, das Frühlingszwiebelgrün, die Petersilie und den Thymian unter das Gemüse mischen. Nochmals abschmecken und abkühlen lassen. Vor dem Servieren mit dem restlichen Olivenöl beträufeln.

PATATES SALATASI

KARTOFFELSALAT MIT GRANATAPFELESSIG

Für 4 Personen
500 g festkochende Kartoffeln
ca. 2 EL Granatapfelessig *(Nar Ekşisi)*
3 EL bestes Olivenöl
1 – 2 TL Traubensirup (*Pekmez;* ersatzweise flüssiger Honig)
Salz
Pfeffer
1 Frühlingszwiebel
3 – 4 Stiele Petersilie
1 – 2 Stiele Berg-Oregano (*Kekik;* ersatzweise Bohnenkraut)

Zubereitung ca. 25 Min. | Garen ca. 25 Min. | Abkühlen mind. 1 Std. | Marinieren ca. 1 Std.
Pro Portion ca. 175 kcal

1 Die Kartoffeln waschen, mit Wasser bedeckt zum Kochen bringen und in 20 – 25 Min. gar kochen. Abgießen, abschrecken und auf einem Teller abkühlen lassen.

2 Die Kartoffeln pellen und in ca. 2 cm große Würfel schneiden. In einer Schüssel 2 EL Granatapfelessig, Olivenöl und Traubensirup, Salz und Pfeffer mit dem Schneebesen kräftig verrühren. Die Kartoffeln dazugeben und mit der Marinade mischen. Den Salat ca. 1 Std. marinieren.

3 Die Frühlingszwiebel putzen, waschen und in dünne Ringe schneiden. Die Kräuter waschen und trocken schütteln, die Petersilienblätter abzupfen und nicht zu fein hacken. Die Oreganoblätter abstreifen. Den Kartoffelsalat mit Granatapfelessig und Salz abschmecken. Die Frühlingszwiebel und die Kräuter untermischen und den Salat in Schälchen verteilen.

FAVA

DICKE-BOHNEN-PASTE

Für 4 Personen
200 g kleine geschälte, getrocknete Dicke Bohnenkerne *(Kuru Bakla)*
1 große Zwiebel
4 EL Olivenöl
1 EL Zucker
Salz
3–4 EL Zitronensaft
einige Dillspitzen zum Garnieren

Zubereitung ca. 15 Min. | Garen ca. 1 ½ Std.
Pro Portion ca. 150 kcal

1 Die Bohnenkerne in einem Sieb waschen, in einen Topf geben und mit Wasser bedecken. Die Zwiebel schälen, in Würfel schneiden und mit 2 EL Olivenöl, dem Zucker und 1 gestr. EL Salz zu den Bohnen geben. Die Bohnen zum Kochen bringen und in 1–1 ½ Std. weich kochen, dabei immer wieder umrühren und, falls nötig, weiteres Wasser hinzufügen.

2 Die Bohnen vom Herd nehmen und etwas abkühlen lassen. Dann mit dem Stabmixer fein pürieren und mit Zitronensaft und Salz kräftig würzen. Die Paste auf eine Platte geben und vollständig abkühlen lassen. (Die Paste wird dann fester.)

3 Vor dem Servieren mit einem Löffel ein paar Vertiefungen in die Bohnenpaste drücken und das restliche Olivenöl darauf verteilen. Die Dillspitzen waschen, trocken schütteln und die Paste damit garnieren.

PİDE

TÜRKISCHES FLADENBROT

Für 16 Stücke

FÜR DAS BROT:
450 g Mehl
2 TL Salz
1 Würfel Hefe (42 g)
1 Ei (Größe S)
1 TL Zucker
1 EL Olivenöl
2 EL Sesamsamen
1 EL Schwarzkümmelsamen *(Çörekotu)*

AUSSERDEM:
Olivenöl zum Arbeiten

Zubereitung ca. 15 Min. | Ruhen ca. 50 Min. | Backen 15 Min.
Pro Stück ca. 115 kcal

1 Für das Brot das Mehl mit dem Salz in einer Schüssel mischen. Die Hefe in 300 ml lauwarmem Wasser auflösen und hinzufügen. Alles mit den Knethaken des Handrührgeräts zu einem sehr klebrigen Teig verkneten. Den Teig zugedeckt an einem warmen Ort 30 Min. gehen lassen.

2 Den Backofen auf 230° vorheizen. Ein Backblech mit Backpapier auslegen. Den Teig mit eingeölten Händen auf das Blech geben und flach verteilen. Den Teig zugedeckt weitere 20 Min. gehen lassen.

3 Das Ei mit dem Zucker und dem Olivenöl verquirlen. Mit eingeölten Fingern Vertiefungen in den Teig drücken. Den Teig mit der Eimischung bestreichen und mit Sesam und Schwarzkümmel bestreuen. Das Fladenbrot im Ofen (Mitte) in 15–18 Min. goldbraun backen. Abkühlen lassen, längs halbieren und jede Hälfte in acht Stücke schneiden.

adlarını Kapalıçarşı'nın
sokaklarında
yaşatmaktadırlar.
SILK & CASHMERE
SILVER
SILK & CASHMERE

memories live on
through the names
of the streets.
КУРИТЬ ЗАПРЕЩЕНО.
bilinen dükkanlarda
19. yy'a kadar tabela,
vitrin, kapı numarası
bulunmamaktaydı.
ROBERTO BRAVO
INSPIRING JEWELLERY
ILYAS
COSKUN
CASHMERE LIFE
ROBERTO BRAVO
FINE JEWELLERY

SELVİ
El Sanatları San.ve Tic. A.Ş.
KÜTAHYA ÇİNİLERİ
54

DAS BASARVIERTEL

Eine geschäftige Welt für sich

Schnell mal was einkaufen – das ist in den Basarvierteln kaum möglich. Für einen Besuch dort sollte man Zeit mitbringen, denn die zwei großen Basarkomplexe und die umliegenden Basarstraßen ziehen ihre Kunden in den Bann und lassen sie so schnell nicht mehr los.

EIN NETZ AUS BASARSTRASSEN

Der König, pardon, Sultan unter den Basaren in der historischen Altstadt ist der Große Basar, auch Gedeckter Basar (Kapalıçarşı) genannt, eine Stadt in der Stadt mit unzähligen Läden und Handelshöfen (siehe S. 128/129).

Außerhalb des Großen Basars, im Stadtteil Beyazıt, geht in den umliegenden Straßen das Schauen und Feilschen weiter: in der Yağlıkçılar Caddesi, die bereits im Basar beginnt, der Fuat Paşa Caddesi und der Uzun Çarşı Caddesi (Straße des langen Marktes). Im Gewimmel lässt man sich an Buden und Ständen vorbeischieben, an Auslagen mit Taschen, Schuhen, Modeschmuck, Billigtextilien, Souvenirs, Haushaltsgegenständen, Antiquitäten und Kuriositäten. Wohin das Auge blickt, ist Interessantes zu entdecken: In Nebenstraßen gibt es kleine Läden mit altem Zinngeschirr, Jugendstillampen, uzbekischen Stickereien, alten Kelims und Bildern.

ALTES HOLZHANDWERK

Wer gut zu Fuß ist, lässt sich im Basargedränge über Kopfsteinpflaster bergab in Richtung Goldenes Horn und Eminönü treiben und biegt im unteren Teil der Uzun Çarşı Caddesi in die Tahtakale ab. Tahtakale bedeutet Holzburg. Der Name lässt darauf schließen, dass in dieser Gegend einst Handwerker angesiedelt waren, die mit Holzverarbeitung zu tun hatten: Drechsler, Holzschuh- und Kistenmacher, Hersteller von Spielzeug und Tavlabrettern (Backgammon) sowie Korbflechter.

Im Laufe der Zeit wurde die Tahtakale zwar auch von Kleiderhändlern, Stoffverkäufern, Taschenläden und kleinen Speiselokalen erobert, trotzdem gehört dieser Basarbereich noch immer zu den authentischen Einkaufsvierteln, wo man die eine oder andere interessante Holzwerkstatt entdecken kann.

GESCHÄFTIGES TREIBEN

Möwengeschrei, das Tuten der Fährschiffe, Autoschlangen, die sich über die Uferstraße wälzen – in Eminönü, diesem Verkehrsknotenpunkt nahe der Galata-Brücke, scheint die Rushhour nie aufzuhören. Eminönü gegenüber liegt die imposante Yeni Cami, die Neue Moschee, und etwas versteckt daneben der kunterbunte Blumen- und Vogelmarkt. Hier finden die Istanbuler Pflanzen für Haus und Garten, alles für Hund und Katze und sogar neue gefiederte Freunde, von Kanarienvogel bis Papagei.

DER ÄGYPTISCHE BASAR

Ein paar Schritte weiter beginnt der Mısır Çarsışı, der Ägyptische Basar, auch Gewürzbasar genannt. Man betritt das alte Marktgebäude durch ein Tor gegenüber der Galata-Brücke. Schmuck, orientalische Wohnaccessoires, hübsche bunte Lampen, Olivenölseifen und Parfüm wechseln sich ab mit Käse, Pastırma (Trockenfleisch), Wurst, Honig und Marmelade. Diese kunterbunte Mischung geht am Ende der Halle in den berühmten Malatya Pazarı und ähnliche Läden über, wo sich Einheimische und Touristen mit Nüssen und Trockenfrüchten versorgen. Gewürze, Tee und Heilkräuter sind hier ebenfalls zu finden.

Außerhalb des Marktgebäudes lockt der Duft von frisch geröstetem Kaffee zum Laden von Kurukahveci Mehmet Efendi – einer Institution seit Generationen. In den nahe liegenden Straßen findet man von Fisch bis Fleisch und Gemüse alles, was man benötigt.

HANDELN FÜR EINEN GUTEN ZWECK

Es gibt nichts, was es auf dem Basar nicht gibt. Das war schon immer so, ob zur römischen, byzantinischen oder zur osmanischen Zeit, als Istanbul eines der größten Handelszentren zwischen Ost und West war. Die eigentliche Initiatorin des Ägyptischen Basars soll die Sultansmutter Hatice gewesen sein, die ihn 1660 neu organisierte und die Steuereinnahmen, vor allem von ägyptischen Waren, sozialen Zwecken zukommen ließ. Die Bezeichnung Ägyptischer Basar geht darauf zurück.

BASARVIERTEL IM ÜBERBLICK

Das Herzstück dieses Viertels ist ohne Frage der Gedeckte Basar, dem wir auf der nächsten Doppelseite eine separate Karte und Beschreibung widmen. Der Große Basar setzt sich außerhalb des gedeckten Bereichs in den umgebenden Straßen mit Geschäften und Ständen fort – bis hinunter nach Eminönü, zum Goldenen Horn und zur Galata-Brücke. Ein Tag allein reicht nicht aus, um alles zu durchlaufen. Planen Sie für den Ägyptischen Basar am besten einen zusätzlichen Tag ein, dabei können Sie dann noch die Yeni Cami, die Neue Moschee besuchen, oder im Pandeli Restaurant mit Blick auf die Galata-Brücke eine Auszeit einlegen.

5 ATALAY MUTFAK GEREÇLERİ

Schönes Kupfergeschirr, Töpfe, Bleche, Kannen und mehr
Fuat Paşa Cad. 11, Beyazıt
Tel.: 0212 522 66 75
Täglich von 8 bis 16 Uhr geöffnet

6 KURUKAHVECİ MEHMET EFENDİ

Bester türkischer Kaffee Istanbuls, immer frisch geröstet
Kreuzung Tahmis Sok. 66/Hasırcılar Cad., Eminönü (gegenüber dem Westtor des Ägyptischen Basars)
Tel.: 0212 511 42 62 (-63)

7 MALATYA PAZARI

Eine Oase für alle, die für ihr Leben gern Nüsse knabbern. Hier kann man sogar zwischen verschiedenen Pistaziensorten wählen! Das Geschäft liegt am Hinterausgang des Marktgebäudes des Ägyptischen Basars.
www.malatya-pazarı.com

8 TAHMİS SOKAĞI

Marktstraße entlang des Ägyptischen Basars mit vielen Lebensmittelgeschäften
Montag bis Samstag von 8 bis 19.30 Uhr geöffnet

9 PANDELİ RESTAURANT

Schick speisen, wie auch schon Audrey Hepburn, Robert De Niro und andere Prominente, kann man in dem 1956 gegründeten Restaurant auch heute noch. Es liegt im oberen Bereich des Marktgebäudes des Ägyptischen Basars, und ist gleich links am Eingang des Basars über eine gewundene schmale Treppe zu erreichen.
Mısır Çarşısı 1, Eminönü
Tel.: 0212 527 39 09
www.pandeli.com
Montag bis Freitag von 11.30 bis 19 Uhr, samstags von 11.30 bis 19.30 Uhr und sonntags von 11.30 bis 18.30 Uhr geöffnet

10 STREETFOOD EMİNÖNÜ

Am Ufer des Goldenen Horns, gleich links von der Galata-Brücke (wenn man vom Ägyptischen Basar kommt) gibt es ein großes Angebot an Istanbuler Streetfood: Maiskolben und Kastanien vom Feuer, krosse Sesamkringel, honigsüße Spritzgebäckschlangen, sauer eingelegtes Gemüse und frisch gegrillter Fisch im Fladenbrot bestimmen unabhängig von Jahreszeit und Wetter das Angebot.

Galata-Brücke
Eminönü
SIMITÇI
11
10
Hasırcılar Cad.
6
Tahmis Cad.
7
Yeni Cami Cad.
9
Yeni Camii
Ägyptischer Basar
(Mısır Çarşısı)
Tahtakale
8
Uzun Çarşı Cad.
Sabuncu Han Sok.
eymaniye
Camii
Fincancılar Sok.
Yağlıkçılar Yokuşu
Fuat Paşa Cad.
İstanbul
Üniversitesi
Çakmakçılar Yokuşu
5
1
2
4
3
Çadırcılar Cad.
Gedeckter
Basar
(Kapalıçarşı)
Beyazıt Camii
Nuruosmaniye Cad.
Vezir Han Cad.
Nuruosmaniye
Camii
Beyazıt
Yeniçeriler Cad.
Çemberlitaş
Divan Yolu

GROSSER BASAR IM ÜBERBLICK

Wer das erste Mal den Großen Basar betritt, auch Gedeckter Basar (Kapalıçarşı) genannt, fühlt sich in eine andere Welt versetzt. Die Schätze des Orients werden mit modernen Konsumgütern in rund 4 000 Geschäften auf 32 000 Quadratmetern präsentiert. In den vielen Straßen liegen kleine Läden dicht an dicht. Auf wenigen kostbaren Quadratmetern stapeln sich Ballen mit Stoffen bis an die Decke, wird jede Wand mit tollen Taschen, Lederschuhen, Tüchern und vielem mehr behängt.

Im Basar liegen versteckt zahlreiche Hans (Handelshöfe mit Lagern und Werkstätten). Der Sahaflar Bedesteni, ein Basar im Basar, ist eine Fundgrube für antiquarische Bücher, Drucke und Kalligraphien. Von Beginn an besaß jede Händler- und Herstellerzunft ihre eigene, nach ihr benannte Basarstraße, wie die Straße der Gold- und Schmuckhändler, der Teppich- oder Pantoffelhändler. Mittlerweile haben sich zwischen die ursprünglichen Gewerbe alle möglichen anderen Geschäfte angesiedelt, sodass eine bunte Mischung entstanden ist. Zum Großen Basar gehören außerdem Brunnen, eine Moschee, ein Postamt, ein Kahvehane (Café), und das Havuzlu Restaurant mit seinem Springbrunnen.

SHOPPING MALL SEIT 500 JAHREN

Der Gedeckte Basar orientalischer Prägung entstand nach der Eroberung Istanbuls durch Mehmet den Eroberer. Der älteste Teil, der Eski- oder İçbedesten mit seiner von 15 Kuppeln überdachten Halle, geht auf das Jahr 1461 zurück. Besonders wertvolle Waren wurden hier sicher untergebracht. Im Laufe seiner rund 500-jährigen Geschichte wurde der Basar nach Erdbeben und Bränden jedes Mal neu und größer aufgebaut. Der letzte Brand ereignete sich 1954. Sein Alter kann der Basar nicht verheimlichen, er muss laufend restauriert werden.

Geschätzte 500 000 Besucher, Einheimische und Touristen, sind täglich in dem Labyrinth der Ladenstraßen unterwegs und kaufen Notwendiges, Seltenes und Schönes. Am beeindruckendsten ist die Kalpakcılar Caddesi, die Straße der Goldschmiede und Juweliere, wo sich manche Besucherin in ein kostbares Schmuckstück verliebt oder wo für junge Frauen der aufwendige Brautschmuck ausgesucht wird.

Montag bis Samstag von 8 bis 19 Uhr geöffnet

VON EMİNÖNÜ ZUM GROSSEN BASAR

Mit der Tram fährt man von Eminönü über Sirkeci, Sultanahmet-Platz bis zur Haltestelle Çemberlitaş (Verbrannte Säule). In der Nähe befindet sich die Nuruosmaniye-Moschee und das Nuruosmaniye-Tor, der untere Eingang des Großen Basars.

Hat man die Ladenstraßen durchwandert, verlässt man den Basar auf der gegenüberliegenden Seite des Nuruosmaniye-Tors über die Kalpakçılar Caddesi durch das Beyazıt-Tor. Oder man durchquert den Bazar über die Haupttangente, die Yağlıkçılar Sokağı. Sie führt durch das Örücüler Kapısı (kapı = Tor) aus dem Basar und mündet in die Uzun Çarsı Caddesi (Straße des langen Markts), in Richtung Goldenes Horn und Eminönü. Wer in umgekehrter Richtung zum Großen Basar geht, sollte bedenken, dass es immer bergauf geht.

1 SELVİ EL SANATLARI

Kütahya Keramik mit traditionellen Farben und Motiven
Yağlıkçılar Sok. 54
Tel.: 0212 527 09 97
www.selvicini.com

2 SİVAS TOKAT PAZARI

Decken, Tücher und Bauernstoffe mit Blumenmustern für Tischwäsche und eigene Modekreationen alla turca
Yağlıkçılar Sok. 55
Tel.: 0212 526 56 73

3 ŞARK KAHVESİ

Nostalgisches, gemütliches Café, in dem man sich bei einer Tasse Kaffee oder einem Glas Tee vom Marktgewimmel erholen kann
Yağlıkçılar Sok. 134
Tel.: 0212 512 11 44
www.sarkkahvesi.com

4 HAVUZLU RESTAURANT

Restaurant mit Springbrunnen und hübsch dekoriertem Gastraum für geruhsames Essen und Entspannung im Trubel des Basars. Traditionelle Meze sowie Haupt- und Nachspeisen von guter Qualität.
Gani Çelebi Sok. 3 (neben PTT)
Tel. 0212 527 33 46 | www.havuzlurestaurant.com

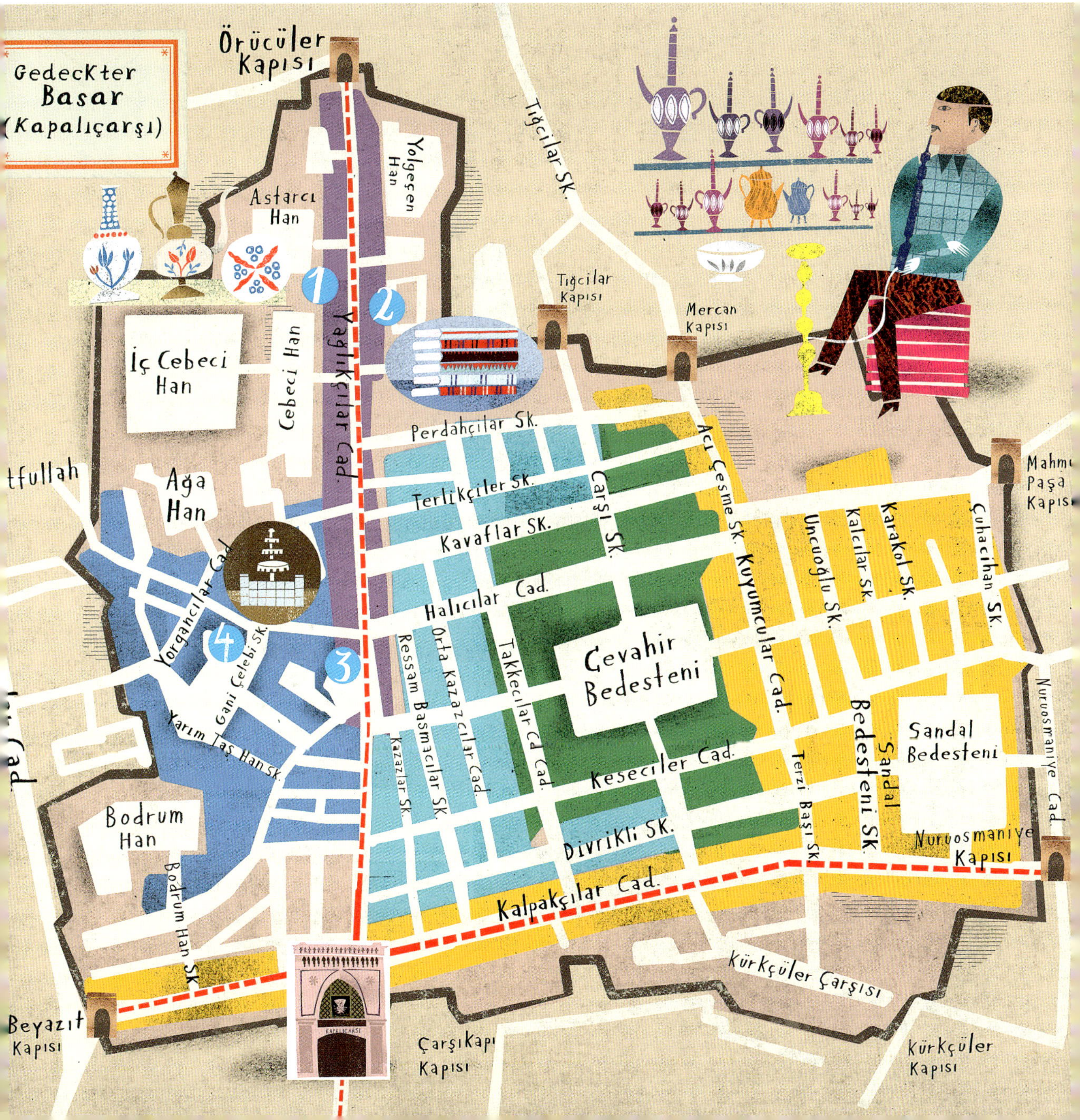

TÜRKISCHE HAUSMANNSKOST IST BEI STAMMKUNDEN, ABER AUCH BEI TOURISTEN SEHR BELIEBT.

4 HAVUZLU RESTAURANT

Was gibt es Schöneres, als nach ein paar Stunden aufregendem Basargewimmel eine Pause an einem leise plätschernden Springbrunnen einzulegen und dabei etwas Leckeres zum Essen und Trinken serviert zu bekommen? Das »Havuzlu«, dem der Springbrunnen seinen Namen gab (Havuzlu heißt übersetzt »mit Becken oder Zierteich«), ist so eine Oase. Man verweilt an einem der zehn Tische draußen am Brunnen und beobachtet dabei das Treiben auf den Basarstraßen. Etwas abgeschiedener geht es im gemütlichen hellen Gastraum zu.

TRADITIONELL, EINFACH UND GUT

In dem zeitlosen Restaurant, das es schon seit 1960 gibt, kann man in aller Ruhe speisen. Fayencen nach İznik-Art, Kupferzeug, alte Drucke, Kronleuchter und Teppiche sorgen für eine gemütliche Atmosphäre. Mittags werden rund zwanzig frisch zubereitete kalte und warme Gerichte angeboten. Gekocht wird auf traditionelle türkisch-osmanische Art – einfach, aber gut. Der Gast sucht sich aus der Vitrine die kalten Vorspeisen und an der Theke die warmen Gerichte aus. Auch Süßes steht hoch im Kurs, etwa Fırın Sütlaç (gebackener Reispudding) oder im Winter Ayva Tatlısı (gebackene Quitte).

Das Gros der Gäste besteht aus Geschäftsleuten, Männern aus dem Basar, traditionellen Frauen mit Kopftuch (auch ohne männliche Begleitung) und Touristen.

Die Gebrüder Burhan und İlhan Sarışen sowie Chefkoch Osman Kıraç und seine Crew sorgen dafür, dass sich alle wohlfühlen und bei ihrem Zwischenstopp im Havuzlu Energie tanken für eine neue Einkaufsrunde im Basargetümmel.

OSMANISCHES CAFÉ

Im Obergeschoss, zu dem eine Wendeltreppe führt, befindet sich ein Osmanlı Kahvesi (Osmanisches Café). Es wird nicht nur von einzelnen Gästen besucht, sondern auch für Events, zum Beispiel für Feiern oder Treffen der Geschäftsleute des Basars, für Frauenrunden oder für größere Touristengruppen gebucht. Der elegante Raum ist mit nachgemachtem antiken Mobiliar ausgestattet. Durch ein großes Fenster kann man in Ruhe das Treiben auf dem Basar beobachten. Wer Gefallen an der Dekoration in den Vitrinen hat – kostbare Gläser, Karaffen, Schmuckdosen und zierliche Kaffeetässchen – kann diese auch gleich erwerben.

Erikli

KARALAHANA DOLMASI

GEFÜLLTE SCHWARZKOHLRÖLLCHEN

Für 6 Personen
600 g Schwarzkohl (*Karalahana*; ersatzweise Kohlrabi-, Weißkohl- oder Wirsingblätter) | Salz
1 große Zwiebel | 1 Knoblauchzehe
2 Tomaten | 3 EL gehackte Petersilie
300 g Lamm- oder Rinderhackfleisch
100 g türk. Rundkornreis *(Pilavlık Pirinç)*
50 g grober Bulgur *(Pilavlık Bulgur)*
2 EL Tomatenmark
1 TL mildes oder scharfes Paprikamark *(Tatlı* oder *Acı Biber Salçası)*
1 EL Granatapfelessig *(Nar Ekşisi)*
Pfeffer | Chiliflocken (*Pul Biber;* nach Belieben)
3 EL Olivenöl

Zubereitung ca. 1 Std. | Garen/Ruhen ca. 45 Min.
Pro Portion ca. 250 kcal

1 Die Kohlblätter putzen, waschen und in Salzwasser portionsweise 5 Min. blanchieren. Abschrecken und abtropfen lassen. Die Blätter längs halbieren und die Mittelrippen entfernen.

2 Die Zwiebel schälen, fein würfeln und in einer Schüssel mit ½ TL Salz bestreut durchkneten. Knoblauch schälen und durch die Presse dazudrücken. Tomaten überbrühen, häuten und halbieren, Stielansätze und Kerne entfernen. Tomaten würfeln. Tomaten, Petersilie, Hackfleisch, Reis, Bulgur, 1 EL Tomatenmark, Paprikamark und Essig mit Zwiebel und Knoblauch verkneten. Mit Salz, Pfeffer und Chili (nach Belieben) würzen.

3 Je ½ EL Füllung quer auf eine Blatthälfte geben, die Seiten darüberschlagen und die Blätter aufwickeln. Röllchen mit der Naht nach unten neben- und übereinander in einen Topf legen. Öl, 300 ml Wasser, übriges Tomatenmark und Salz mischen und dazugeben. Die Röllchen mit einem Teller beschweren, in 30–40 Min. gar köcheln und 5 Min. ruhen lassen. Warm mit Naturjoghurt servieren.

ŞAKŞUKA

SCHARFER GEMÜSESALAT

Für 4 Personen
1 Zwiebel
1 Knoblauchzehe
2 längliche Auberginen
2 festkochende Kartoffeln
2 rote Spitzpaprikaschoten
2 scharfe Peperoni
8 EL Olivenöl
1 TL Tomatenmark
Salz | Pfeffer
½ TL Zucker
½ TL Zimtpulver
½–1 TL Chiliflocken *(Pul Biber)*
1–2 TL Rotweinessig

Zubereitung ca. 45 Min. | Abkühlen 1 Std.
Pro Portion ca. 280 kcal

1 Zwiebel und Knoblauch schälen und klein würfeln. Auberginen putzen, waschen und in 1–2 cm große Würfel schneiden. Kartoffeln schälen, waschen und ebenfalls 1 cm groß würfeln. Paprika und Peperoni halbieren, putzen und waschen. Paprika in 3 × 1 cm, Peperoni in 3 × ½ cm breite Streifen schneiden.

2 In einer Pfanne 2 EL Olivenöl erhitzen. Zwiebel, Knoblauch, Paprika und Peperoni darin andünsten. Die Mischung herausnehmen und auf Küchenpapier abtropfen lassen. In der Pfanne 3 EL Olivenöl erhitzen und die Auberginen darin in ca. 10 Min. goldbraun braten. Ebenfalls auf Küchenpapier abtropfen lassen.

3 Das restliche Öl in die Pfanne geben und die Kartoffeln darin in ca. 10 Min. goldbraun braten. Auberginen, Peperonimischung und Tomatenmark dazugeben. Mit Salz, Pfeffer, Zucker und Zimt würzen. Alles zugedeckt ca. 5 Min. dünsten, dabei, falls nötig, etwas Wasser hinzufügen. Vom Herd nehmen und mit Salz und Pfeffer, Chiliflocken und Essig abschmecken. Das Gemüse kühl stellen und als Salat servieren.

KAZANDİBİ

ANGEBRANNTER PUDDING

Kein Missgeschick, sondern volle Absicht ist die dunkel karamellisierte Unterseite dieses Puddings. Süßschnäbel fühlen sich wie im siebten Himmel, denn das intensive Karamellaroma wird von einem feinen Rosen- und Zimtduft begleitet.

Für 4 Personen
1 Vanilleschote
100 g Zucker
80 g Reismehl *(Pirinç Unu)*
½ l Milch
Butter für die Pfanne
40 g Puderzucker
1 EL Rosenwasser *(Gül Suyu)*
1 TL Zimtpulver

Zubereitung ca. 30 Min. | Abkühlen mind. 6 Std.
Pro Portion ca. 310 kcal

1 Die Vanilleschote längs aufschneiden und das Mark herauskratzen. Vanillemark, Zucker, Reismehl und Milch in einem Topf mit dem Schneebesen glatt rühren. Die Mischung unter ständigem Rühren aufkochen, bis ein sämiger Pudding entsteht.

2 Eine beschichtete Pfanne (24 cm Ø) mit Butter ausfetten und gleichmäßig mit dem Puderzucker bestreuen. Den Pudding vorsichtig in der Pfanne verteilen, ohne die Puderzuckerschicht zu verletzen.

3 Die Pfanne stark erhitzen, dann die Herdtemperatur auf mittlere Hitze herunterschalten und den Pudding 10–15 Min. backen, bis er deutlich nach Karamell duftet. Zwischendurch mit einem Silikonspatel rundherum leicht den Rand lösen und dabei gleichzeitig das Karamellisieren des Puddings prüfen.

4 Die Pfanne vom Herd nehmen und sofort bis knapp unter den Rand in kaltes Wasser stellen (in der Spüle oder in einem tiefen Backblech). Den Pudding in der Pfanne mindestens 6 Std. abkühlen und fest werden lassen.

5 Zum Servieren den Pudding in vier Stücke schneiden. Mit der gebräunten Seite nach oben auf Teller verteilen, mit Rosenwasser beträufeln und mit Zimtpulver bestreuen.

1 SELVİ EL SANATLARI

Blau in allen Schattierungen strahlt es aus dem nur wenige Quadratmeter großen Lädchen der Familie Kılıç in der Yağlıkçılar Caddesi im Großen Basar. An den Wänden und auf Regalen werden Teller, Vasen und Gefäße in klassischen osmanischen Formen präsentiert. Die Keramiken stammen aus Werkstätten aus Kütahya in der inneren Ägäis-Region, in der schon seit dem 15. Jahrhundert neben Pracht- und Gebrauchskeramik für den Osmanischen Hof vor allem Fayence-Fliesen für Paläste und Moscheen entstanden. Selvi El Sanatları besteht seit 1961 und wird von den Brüdern Muammer und Muzaffer Kılıç geführt. Qualität ist den beiden das Wichtigste; mit Material, Brennweise, künstlerischer Gestaltung und Farben kennen sie sich aus. Die Brüder waren ehemals Reiseführer und sprechen Deutsch so gut wie ihre Muttersprache Türkisch. Es ist interessant, sich mit ihnen bei einem Glas Tee zu unterhalten.

2 SİVAS TOKAT PAZARI

Richtige Schatzkammern sind die kleinen Stoffläden im Großen Bazar. Geblümte Stoffe für Pluderhosen, bunte Seidenstoffe für diverse regionale Trachten, selten gewordene Tafeldecken und Tücher mit hethitischen, osmanischen und volkstümlichen Motiven, die mit Holzmodeln auf Baumwolle gedruckt wurden, – alles, was man sich an traditionellen türkischen Stoffen vorstellen kann, findet man hier. Gerne breitet Verkäufer Murat Deniz seine Schätze für die Kunden aus (siehe Foto linke Seite).

Der Begriff Pazarı im Geschäftsnamen bedeutet übrigens Markt. Tokat war einst der Knotenpunkt zweier Seidenstraßen in der Schwarzmeerregion, über die nicht nur Stoffe, sondern auch Holzmodel für Druckmuster aus Indien und China ins Osmanische Reich gelangten. »Tokat« wurde zur Hochburg für handbedruckte Stoffe, eine Kunst, die zur Zeit eine kleine Renaissance erlebt.

5 ATALAY MUTFAK GEREÇLERİ

Schon von weitem fällt das Geschäft mit Stapeln von Suppentöpfen, Kupfer-Kasserollen und Teekannen vor dem Eingang ins Auge. 1890 kamen fünf Brüder der Atalay-Familie vom Schwarzen Meer nach Istanbul, um ihr Glück als Kupferschmiede zu finden. Aus dem kleinen Handwerksbetrieb ist längst ein Großunternehmen geworden, das Hotellerie, Großküchen und Privathaushalte mit Küchenutensilien und -einrichtungen versorgt.

Den alten Laden nahe des Großen Basars mit traditionell gefertigtem Kupferzeug behielten die Atalays aus nostalgischen Gründen. Hier herrscht geordnetes Chaos. Vom Boden bis zur Decke türmen sich Töpfe aller Art, handgetrieben, innen verzinnt und preiswert. Diese Töpfe und Pfannen sind allerdings nur für den Gasherd geeignet, da die Böden nicht ganz eben sind. Ideal für den Backofen sind die runden Kupferbleche.

TÜRKISCHER KAFFEE UND TEE

Es geht nichts über das Original! Kahve, türkischer Kaffee, trat vor gut 400 Jahren von Istanbul aus seinen Siegeszug in die Welt an. Am liebsten serviert man ihn hier in einem Tässchen mit zarter Schaumkrone, auf Bestellung ungesüßt (sade), wenig gesüßt (az şekerli), mittelsüß (orta şekerli) oder süß (şekerli) zubereitet. Kaffee wird am Morgen zum Wachwerden, nach dem Essen und zwischendurch zur Aufmunterung getrunken.

FRISCH GERÖSTET AM BESTEN

Kahve wird aus der Kaffeesorte Arabica zubereitet. Am besten schmeckt er, wenn die frisch und stark gerösteten Bohnen fein gemahlen werden (siehe auch S. 140 Kurukahveci Mehmet Efendi). Jede Tasse wird separat in einem Kupferkännchen mit Stiel (Cezve) zubereitet. Pro Portion kommt 1 gehäufter Teelöffel Kaffee in das Kännchen, mehr oder weniger Zucker und ein Tässchen Wasser. Die Mischung dreimal hochkochen lassen, sodass sich Schaum bildet, und ohne Umrühren in das Tässchen gießen. Nach einer kurzen Abkühlzeit hat sich das Kaffeemehl auf dem Tassenboden abgesetzt und beim ersten Schluck breitet sich das unvergleichliche Aroma auf der Zunge aus und man fühlt sich wie im Kaffeehimmel. Übrigens: Die Zubereitung türkischen Kaffees und die türkische Kaffeekultur stehen seit 2013 auf der Liste des immateriellen Welterbes der UNESCO.

GLÜCK, GELD ODER LIEBE?

Türkische Frauen lesen aus dem Kaffeesatz ihr Schicksal. Dazu decken sie das leergetrunkene Tässchen mit der Untertasse ab, wenden beides mit Schwung und lassen die Tasse abkühlen. Erste Deutungsstufe: Trennt sich das Tässchen beim Abheben nicht gleich vom Unterteller, gehen schon mal alle Wünsche in Erfüllung. Darüber hinaus lässt sich aus dem verlaufenen Kaffeesatz im Tässchen mit Intuition und Phantasie erkennen, ob Glück, Geld oder die große Liebe zu erwarten sind.

Ein alter Brauch: Stellt sich in der Familie ein potenzieller Schwiegersohn vor, ist es üblich, dass die Erwählte dem Bewerber ein Tässchen Kaffee serviert. Streut das Mädchen etwas Salz in den Kaffee, braucht es keine Worte – der Kandidat ist abgeblitzt.

DAS NATIONALGETRÄNK ÇAY

Von früh bis spät, ohne Tee (Çay) läuft in der Türkei nichts. Tee steht immer irgendwo bereit, ob auf dem eigenen Herd, im Çayhane (Teehaus) oder im Basar. Çay ist das Nationalgetränk der Türken. Seit dem Befreiungskrieg 1924 wird er an den Hängen des Schwarzen Meeres bei Rize angebaut. Der größte türkische Teeproduzent (Çaykur) setzt auf pestizidfreien, ökologischen Anbau – ideale Klimabedingungen machen es möglich.

Teepausen ziehen sich im türkischen Leben durch den ganzen Tag. Büros und Banken unterhalten einen eigenen Teeservice, der allen Angestellten zugutekommt. Bei einem Besuch, bei einer Verhandlung – ohne Tee geht nichts. Im Basar erscheint bei Verkaufsverhandlungen wie auf Bestellung ein Junge mit einem Tablett voller Teegläser. Die meisten Ladenbesitzer haben einen unsichtbaren Klingelknopf unter der Theke, der den schnellen Service erklärt. Tee und türkische Gastfreundschaft gehören einfach zusammen.

ZWEI KANNEN FÜR DEN TEE

Türkischer Tee wird nach dem Samowar-Prinzip in einer zweistöckigen Kanne zubereitet. In der unteren großen Kanne siedet Wasser. Die obere, kleinere Kanne wird daraufgesetzt und mitsamt den Teeblättern angewärmt. Anschließend werden die Blätter mit siedendem Wasser aufgegossen. Nach 20 bis 30 Min. ist ein starker Extrakt entstanden. Je nach Geschmack gießt man eine kleine oder größere Menge Extrakt in ein tulpenförmiges Teeglas (İncebelli) und verdünnt es mit dem Wasser aus der unteren Kanne auf die gewünschte Stärke. Das Teeglas steht auf einem Unterteller, auf dem Rand liegen Zuckerwürfel und ein Löffelchen zum Umrühren. Die Kannen mit dem heißen Wasser und dem Tee-Extrakt können stundenlang auf dem Herd stehen – so ist das Getränk den ganzen Tag verfügbar.

3 ŞARK KAHVESI

Ein Glas Tee oder eine Tasse ist eine ideale Auszeit vom geschäftigen Treiben im Basar. Geschäftsleute, Kunden und Touristen schätzen die Qualität und das Ambiente im historischen »Şark Kahvesi« (siehe S. 129).

6 KURUKAHVECİ MEHMET EFENDİ

Die Erfolgsgeschichte des berühmtesten Kaffeehändlers der Türkei begann 1671. Mehmet Efendi handelte nicht nur mit grünen Arabica-Kaffeebohnen wie sein Vater Hasan. Er röstete und mahlte sie auch. Deswegen nannte er sein Geschäft bald »Kurukahveci« (Händler von trockenem Kaffee). Mehmet Efendis Kaffee ist an der Qualität und an dem in den 30er-Jahren vom Designer İhap Hulusi Bey kreierten Logo zu erkennen. Den Kaffee gibt es auch bei uns in türkischen Lebensmittelläden.

7 MALATYA PAZARI

Hier bekommt man das ganze türkische Angebot an Nüssen und Trockenfrüchten: Haselnüsse vom Schwarzen Meer, Pinienkerne von der Ägäis, Pistazien und Walnüsse aus dem Osten, Aprikosen aus Malatya, dazu Maulbeeren, Kirschen, Sultaninen und, und, und …

An den Nebenständen nimmt man vielleicht noch Lindenblüten für den Abendtee oder Salbeiblätter gegen Halsschmerzen mit oder man wählt aus dem riesigen Angebot an Gewürzen ein paar kulinarische Souvenirs. So hält man zu Hause noch lange Zeit die Erinnerungen an die schönen Tage in Istanbul wach.

8 TAHMİS SOKAĞI

In der Marktstraße »Tahmis Sokağı«, die entlang des Ägyptischen Basars verläuft, findet man überwiegend Lebensmittel. Beeindruckend ist das Käseangebot: In Quadern und Kugeln, in Schüsseln, Säcken und Laiben, in Strängen oder zu Zöpfen geflochten werden unzählige Sorten präsentiert. Die meisten Käse stammen aus Dörfern oder von Almen – von Kühen, Schafen oder Ziegen.

Die frischen Dorfkäse von der Ägäischen Küste genießt man zum Frühstück oder Salat. Aus Thrakien kommt lange gereifter, fester Kaşar mit kräftigem Aroma. Dil Peyniri ist ein geflochtener Filatakäse. Oder man probiert geräucherten Çerkez Peyniri, den Käse der Tscherkessen. Der krümelige Nomadenkäse Çökelek ist zum Füllen von Teigtaschen beliebt. Der würzige Van Peyniri aus Ostanatolien verdankt sein Aroma frischen Almkräutern. Die Händler lassen gerne probieren.

Pastırma aus Kayseri ist ebenfalls eine geschätzte Delikatesse. Das luftgetrocknete würzige Trockenfleisch aus Filet oder Lende vom Rind ist umhüllt von einer Gewürzpaste aus Pfeffer, Paprikapulver, Kreuzkümmel, Bockshornkleesamen, Knoblauch und Salz. Es wird dünn aufgeschnitten. Die würzige Umhüllung kann man mitessen.

9 PANDELI RESTAURANT

Das »Pandeli« kann man ohne Übertreibung als das berühmteste Restaurant Istanbuls bezeichnen. Gleich beim Eintreten hat man das erste Ah!-Erlebnis: ein ungewöhnlicher Gastraum mit türkis gefliesten Wänden. Und dann der Blick aus dem Fenster: ein atemberaubender Ausblick auf das Goldene Horn, die Galata-Brücke und den Bosporus, auf ankommende und ablegende Fähren, auf ein bewegtes Tableau aus Markt- und Menschengewimmel.

Neben dem beeindruckenden Ambiente und dem aufmerksamen Service ist das Restaurant aber auch für seine Küche bekannt. Es werden traditionelle osmanische Speisen, Meze und Fleischgerichte sowie viel gelobte Nachspeisen serviert.

Der Namensgeber des Restaurants, Pandeli Çobanoğlu, war griechischer Abstammung und kam 1901 aus Niğde in Mittelanatolien. Er war engagiert und wurde bald schon ein beliebter Gastgeber für Künstler und Intellektuelle. Seit Eröffnung des Pandeli im Jahr 1956 speisten in der schönen alten Marktetage Regenten, Prominenz und Berühmtheiten aus aller Welt: der Schah von Persien mit Farah Diba, Queen Elizabeth, Michail Gorbatschow, Melina Mercouri, Robert De Niro …

Zu den »normalen« Besuchern zählen neben älteren, betuchten Istanbuler Stammgästen auch Bildungsreisende und zunehmend Gäste aus Japan und China. Sie alle schätzen das nostalgische Restaurant, das seit Jahrzehnten von Pandelis langjährigem Gefährten Cemal Biberci geführt wird, und der die Tradition in einem sich ständig wandelnden Istanbul hochhält.

KURUFASULYE PİLAKİSİ

WEISSE BOHNEN AUF PILAKI-ART

Für 4 Personen
250 g getrocknete weiße Bohnen
1 Zwiebel
2 Knoblauchzehen
1 Möhre
1 Kartoffel
3 EL Olivenöl
1 TL Tomatenmark
1 TL Salz
1 TL Zucker
2 EL Zitronensaft
Petersilienblätter zum Garnieren

Zubereitung ca. 40 Min. |
Einweichen über Nacht | Kochen ca. 1 ½ Std.
Pro Portion ca. 300 kcal

1 Am Vortag die Bohnen in einer Schüssel mit kaltem Wasser bedecken und über Nacht einweichen.

2 Am Zubereitungstag die Bohnen in reichlich Wasser aufkochen und zugedeckt in 30 – 40 Min. weich kochen (sie sollen nicht aufplatzen). Die Bohnen in einem Sieb abtropfen lassen.

3 Die Zwiebel schälen und klein würfeln. Den Knoblauch schälen und in feine Scheiben schneiden. Möhre und Kartoffel schälen und klein würfeln. Das Olivenöl in einem Topf erhitzen. Zwiebel, Knoblauch und Möhre darin dünsten, bis die Zwiebelwürfel glasig sind. Das Tomatenmark mit ½ l heißem Wasser verrühren und dazugießen. Mit Salz und Zucker würzen und aufkochen. Kartoffeln und Bohnen dazugeben und alles zugedeckt bei schwacher Hitze in ca. 40 Min. weich garen.

4 Die Bohnenmischung zugedeckt abkühlen lassen. Mit Zitronensaft abschmecken, in Schälchen verteilen und mit Petersilienblättern garniert servieren.

İSTANBUL RUS SALATASI

RUSSISCHER SALAT NACH ISTANBULER ART

Zutaten für 4 Personen
150 g Möhren
400 g Pellkartoffeln (festkochende Sorte; am Vortag gegart)
100 g TK-Erbsen
120 g Salzgurken (aus dem Glas)
1 geh. EL kleine Kapern
je 1 EL Kapern- und Gurken-Einlegeflüssigkeit
2 EL Zitronensaft | Salz | Pfeffer
2 sehr frische Eigelb (Größe M)
¼ TL Senf
⅛ ml Sonnenblumenöl
2 EL fettarmer Naturjoghurt (1,5 %)

Zubereitung ca. 45 Min. | Marinieren mind. 1 Std.
Pro Portion ca. 395 kcal

1 Die Möhren schälen, klein würfeln und in 300 ml kochendem Wasser 7–8 Min. garen. Die Kartoffeln pellen, klein würfeln und in eine große Schüssel geben. Die Möhren mit dem Schaumlöffel herausheben, abtropfen und abkühlen lassen. Die Erbsen im Möhrenwasser 3–4 Min. kochen, in ein Sieb abgießen und abtropfen lassen.

2 Die Salzgurken klein würfeln und mit Kapern, Möhren und Erbsen zu den Kartoffeln geben. Je 1 EL Gurken- und Kapern-Einlegeflüssigkeit, Zitronensaft, 1 TL Salz und Pfeffer hinzufügen und mit dem Gemüse mischen.

3 Eigelbe, Senf und 1 große Prise Salz mit dem Handrührgerät cremig rühren. Das Öl nach und nach unter ständigem Rühren zuerst tropfenweise, dann in feinem Strahl einlaufen lassen und rühren, bis eine cremige Mayonnaise entsteht. Den Joghurt mit einem Löffel unterheben. Den Salat mit der Mayonnaise mischen, mit Salz und Pfeffer abschmecken und zugedeckt im Kühlschrank mindestens 1 Std. marinieren lassen.

10 STREETFOOD – SO ALT WIE ISTANBUL

Wahrscheinlich fing Istanbuls Streetfood mit den Römern an, als Istanbul noch Nea Roma (Neues Rom) und später Konstantinopel hieß, nach dem Römischen Kaiser Konstantin. In kleinen Garküchen wurde auf der Straße frisch gekochtes und gebackenes Essen angeboten. Auch wenn es heute allüberall Pizza, Sandwiches, Toasts und Hamburger gibt – den Istanbulern ist ihr vertrautes traditionelles Straßenessen immer noch am liebsten. Dazu gehört Pilav (gekochter Reis mit Kichererbsen), der gegen Abend auf belebten Plätzen angeboten wird. Nicht zu vergessen die Kokoreç-Stände, wo auf Spießen herzhaft gewürzte Rouladen aus gewickeltem Lammdarm rotieren. Eine beliebte schnelle Mahlzeit ist eine Scheibe Kokoreç, grob gehackt, nach Belieben mit Chiliflocken und Oregano bestreut und mit Zwiebeln in ein Minifladenbrot gepackt – ähnlich wie das weltbekannte Döner Kebap.

Istanbuls Streetfood hat den Weg in die Welt gefunden und sich dabei dem Geschmack der Zeit angepasst. Veggie-Döner mit viel frischem, knackigen Gemüse gibt es nicht nur bei uns, sondern auch am Bosporus.

FÜR DEN KLEINEN HUNGER

Hungrig durch Istanbul zu gehen, ist unmöglich, denn auf jeder belebten Straße, jedem Platz wartet ein Angebot für den kleinen oder auch größeren Hunger. Ganz besonders in Eminönü bei den Fähranlegestellen oder an den Plätzen vor der Neuen Moschee und dem Ägyptischen Basar. Da braten Maiskolben und Kastanien auf fahrbaren Grills, da wird Turşu (sauer eingelegtes Gemüse) in Bechern als Snack verkauft. Und der Duft verrät, wo auf schwankenden Booten gegrillter Fisch mit Zwiebelringen in Brot (Balık Ekmek) angeboten wird. Karren mit Burma Tatlısı (Burma-Dessert), den ausgebackenen süßen Kringeln, und Simit-Verkäufer mit frischen Sesamringen sind sowieso immer irgendwo unterwegs. Das leckere Gebäck kann man sich Stückchen für Stückchen schmecken lassen, während man gemütlich durch den Ägyptischen Basar schlendert.

DIE MUSCHELVERKÄUFER

Wenn sich in Beyoğlu gegen Abend die Tische der Meyhane füllen, dauert es auch nicht lange, bis Muschelverkäufer mit ihren großen Tabletts anrücken. Appetitlich arrangiert sind darauf mit Reis, Korinthen und Pinienkernen gefüllte Miesmuscheln, die man sich als Fingerfood gerne zu einem Rakı schmecken lässt. An einem Stand werden Muscheln in Teig getaucht, frittiert und mit Walnuss-Dip (Tarator) gereicht. Trotz des reichen Meze-Angebots der Meyhane finden die Muscheln immer Abnehmer. Auch die Verkäufer von eisgekühlten frischen Mandeln haben viel Kundschaft. Sie bringen die knackigen Kerne direkt an die Tische in den Meyhane.

VORSCHRIFTEN UND KONTROLLEN

Viele Streetfood-Verkäufer, die Tag für Tag an ihren Stammplätzen erscheinen, sind den Anwohnern bekannt und werden oft schon erwartet. Sie haben eine Genehmigung für ihr Gewerbe und dürfen ihr Essen nur an den in den entsprechenden Stadtbereichen zugelassenen Wagen und Ständen verkaufen. Auch die Hygienevorschriften und -kontrollen wurden in Istanbul im Lauf der Zeit immer strenger.

FISCH AUS VIER MEEREN UND DEM BOSPORUS

Die Hauptstadtbewohner lieben Balık (Fisch) nicht nur, sie kennen sich damit auch aus. Auf den Tisch kommen Fische aus dem Bosporus, dem Schwarzen Meer, dem Marmarameer, der Ägäis und dem Mittelmeer. Ob einfach nach Hausfrauenart zubereitet, raffiniert in einem Restaurant serviert oder auf dem Meer in einem schwankenden Boot gebraten und im Brot verzehrt, Fisch ist immer gefragt. Besonders begehrt sind die kleinsten Fische, die Sardellen (Hamsi).

ANGLER AUF DER GALATA-BRÜCKE

Entweder zum eigenen Vergnügen oder aus gewerblichen Gründen: Dicht an dicht harren die Angler entlang der Galata-Brücke Stunde um Stunde aus. Während sie ihre Angeln in die Bosporusströmung halten, brausen hinter ihnen Autos und Straßenbahnen zwischen Eminönü und Beyoğlu vorbei. Ob die Fische anbeißen, wird sich zeigen. Eimer mit Wasser für den Fang stehen jedenfalls bereit und Passanten schlendern neugierig vorbei.

Auf der zweigeschossigen Brücke wird alles angeboten, was ein Angler braucht: Schnur, Blinker, Köder ... und nicht zuletzt findet man Gleichgesinnte für den Austausch von Anglerlatein. Lässt sich kein Fisch blicken, wird die Sicht auf vorbeifahrende Schiffe und das beeindruckende Panorama der Stadt die Angler entschädigen.

FISCHE ZWISCHEN EUROPA UND ASIEN

Zahllose Fischerboote versammeln sich vor Sonnenaufgang auf dem Bosporus und dem angrenzenden Marmarameer, wenn die Stadt noch schläft und der Schiffsverkehr überschaubar ist. Für die professionellen Fischer in der Meerenge wird der Job allerdings zunehmend schwieriger, denn die 32 Kilometer lange Wasserstraße mit ihren gefährlichen Strömungen wird von Tankern, Container- und Passagierschiffen, Fährschiffen und Taxibooten stark befahren.

Die einzelnen Fischarten passieren den Bosporus zu verschiedenen Jahreszeiten, wenn sie in der Laichzeit vom Marmarameer zum Schwarzen Meer wechseln oder umgekehrt. Um ihre Bestände zu schützen, dürfen sie nur zu bestimmten Zeiten gefangen werden. Doch trotz dieser Schutzmaßnahmen lässt sich nicht verheimlichen, dass die Fischbestände stark zurückgegangen sind. Blaubarsche, Sardinen, Rotbarben, Meeräschen und Bonito gehören zu den begehrtesten Fängen.

AUSFLUG ZU DEN FISCHMÄRKTEN

Das Angebot auf den Fischmärkten ist groß und vielfältig. Die Auswahl an Meerestieren stammt allerdings nur zum Teil aus freiem Fang. In den Fischfarmen im Schwarzen Meer wird Lachs gezüchtet, und in den Buchten der Ägäis wachsen Brassen und Wolfsbarsche heran. So können die Speisekarten der Restaurants stets mit Fischgerichten aufwarten, und die Nachfrage der Istanbuler und der Touristen auf Fisch kann befriedigt werden.

VIELE FISCHE MIT VIELERLEI NAMEN

Die Liste der angebotenen Fischarten scheint unüberschaubar zu sein. Dazu kommt, dass die Bezeichnungen sich je nach Alter und Größe ändern. Heißt ein mittelgroßer Blaubarsch Lüfer, wird der kleinere, eine Generation jüngere mit einer Länge von 10 bis 15 cm Çinakop genannt. Ein Bonito von 30 bis 35 cm heißt Palamut, der ein Jahr ältere Fisch dagegen Torik. Das Alter und die Größe der Fische spielt in der türkischen Küche eine wichtige Rolle bei der Zubereitung und dem Geschmack der Gerichte. Fisch wird besonders gerne gegrillt, aber auch in Papier oder Weinblättern gebacken, außerdem gedämpft, roh mariniert oder mit Gemüse gedünstet.

DIE WICHTIGSTEN FISCHE

Je nach Jahreszeit findet man unterschiedliche Fische auf Istanbuler Märkten. Eine Auswahl:
Alabalık – Forelle, **Barbunya** – Rotbarbe, **Çipura** – Goldbrasse, **Dilbalığı** – Seezunge, **İstavrit** – Stachelmakrele, **Kalkan** – Steinbutt, **Kefal** – Meeräsche, **Kılıçbalığı** – Schwertfisch, **Levrek** – Wolfsbarsch, **Mezgit** – Merlan, **Orkinos** – Tunfisch, **Sardalya** – Sardine, **Sinarit** –Zahnbrasse, **Uskumru** – Makrele, **Hamsi** – Sardelle, Anchovis

---

KARADENİZ
HAMSİ
7 TL

ÜSKÜDAR, KADIKÖY UND BÜYÜKADA

Mit dem Schiff von Europa nach Asien

Einfach mal Abstand nehmen vom Trubel auf der europäischen Seite Istanbuls: Wir überqueren mit der Fähre den Bosporus, genießen die frische Brise und schauen den Flugkünsten der Möwen zu – Üsküdar ist von Kabataş nach kurzen, aber eindrucksvollen 15 Minuten zu erreichen. Schneller geht's natürlich mit der Marmaray, der Untergrundbahn. Doch kann die Fahrt durch einen Tunnel das Vergnügen einer Seereise aufwiegen?

In Üsküdar zeigt Istanbul ein gelassenes Gesicht. Herrscht bei der Ankunft noch Hektik, wird es an der Uferpromenade mit dem bunt leuchtenden Blumenstand, gemütlichen Spaziergängern und Müttern mit Kinderwagen bald geruhsam. Auf einer terrassenartigen Anhöhe hinter dem Fährhafen liegt die 1547 von Sinan gebaute Mihrimah-Moschee. Mihrimah, die Lieblingstochter von Sultan Süleyman dem Prächtigen, hatte das Gotteshaus gestiftet.

In Üsküdar lag einst der Endpunkt vieler Handelskarawanen aus Innerasien und aus der Levante. Außerdem starteten hier die Pilgerkarawanen nach Mekka. Üsküdars Wahrzeichen steht auf einer nahegelegenen kleinen Insel im Bosporus – der Leanderturm, auch Mädchenturm (Kızkulesi) genannt, einst Leuchtturm, heute Herberge für ein beliebtes Restaurant. Für ein geruhsames Mittagessen oder ein leckeres Eis lockt nicht weit vom Fährhafen entfernt das »Kanaat Lokantası«.

BAHNHOF DER BAGDAD-BAHN

Je mehr sich die Fähre Kadıköy nähert, desto stärker schiebt sich der Bahnhof Haydarpaşa ins Bild. Haydarpaşa wurde 1908 von den Architekten Otto Richter und Helmuth Conu für die legendäre Bagdad-Bahn erbaut. Hier fand der Orient-Express von der europäischen Seite aus seinen Anschluss bis Mekka. Heute ist der Bahnhof stillgelegt, ein großes Hotel soll daraus entstehen.

Kadıköy wurde 675 v. Chr. als megarische Kolonie Chalcedon gegründet. 451 fand hier, in der Euphemia Kirche, das Konzil von Chalcedon statt, wo die Dreifaltigkeit diskutiert wurde. Aus der frühen Zeit der Kolonie ist kaum etwas erhalten.

Mit seinen Parks, Teegärten, Einkaufsstraßen, Boutiquen, Kinos und Restaurants, den zahlreichen Buchhandlungen ist Kadıköy ein Ort mit hoher Lebensqualität. Es gilt als tolerant, lebenslustig, intellektuell und doch bodenständig. In Istanbul spricht man gerne von der »Kadıköy-Kultur«. Als Heimat des Fußballvereins Fenerbahçe SK genießt Kadıköy Kultstatus bei den Fans.

Das Angebot des Lebensmittelmarkts in der Güneşlibahçe Sokağı kann es mit jedem Delikatessen-Supermarkt aufnehmen, und das Çiya-Restaurant gilt als eines der innovativsten Restaurants Istanbuls. Schnäppchenjäger kommen zum Einkaufen dienstags über den Bosporus zum Markt »Yeni Salı Pazarı«. Schönster Abschluss eines Kadiköy-Ausflugs: in einem der Teegärten am Ufer des Marmarameeres einen Sonnuntergang erleben.

AUSZEIT AUF EINER PRINZENINSEL

Zu den schönsten und erholsamsten Ausflügen außerhalb des quirligen Istanbul gehört eine Schiffstour zu den Prinzeninseln im Marmarameer. Bereits während der eineinhalbstündigen Fahrt mit dem Inseldampfer merkt man, wie man gelassen wird. Man sucht sich einen schönen Platz, lässt sich (für wenig Geld) Tee, frisch gepressten Orangensaft oder Toast mit türkischer Wurst und Käse servieren und steuert bei allmählich entschwindendem grandiosem Istanbul-Panorama Büyükada an.

Nach der Ankunft haben sich die Gäste bald im Städtchen verteilt, Souvenirstände und Restaurants begutachtet und eine Kutschenfahrt gebucht: Gemächlich geht es vorbei an pittoresken weißen Holzvillen wohlhabender Familien, die hier den Sommer verbringen, dann bergauf durch Kiefernwälder mit Durchblicken zum Meer. Vor der Heimfahrt mit dem Dampfer findet man sich an der Hafenpromenade zum Fischessen ein.

ÜSKÜDAR, KADIKÖY UND BÜYÜKADA IM ÜBERBLICK

Eine kleine Auszeit von der Millionenstadt gefällig? Nehmen Sie die Fähre für einen kurzen Trip ans asiatische Ufer Istanbuls und steuern Üsküdar oder Kadıköy an. Oder Sie planen einen Tagesausflug auf eine der Prinzeninseln, zum Beispiel nach Büyükada (Große Insel). Neben den Vorzügen einer erholsamen und erfrischenden Schiffsreise werden Sie dabei ein überraschend neues Bild von Istanbul bekommen.

Eine Schifffahrt kann man ohne lange Vorbereitung an einem der Fährhäfen spontan buchen. Sehr angenehm: Die Fährpreise zum asiatischen Teil Istanbuls am Marmarameer sind nicht teurer als eine Straßenbahnfahrt. Lediglich die eineinhalbstündige Reise nach Büyükada kostet ein bisschen mehr.

1 KANAAT LOKANTASI

Alt eingesessenes Familienrestaurant mit bester türkischer Küche, nicht weit entfernt von der Fähre

Selmanıpak Cad. 9, Üsküdar
Tel.: 0216 341 54 44 und 0216 553 37 91
www.kanaatlokantasi.com

2 FAZIL BEY'İN TÜRK KAHVESİ

Die älteste Kaffeerösterei Kadıköys liegt in einer der Marktstraßen und sorgt auf der asiatischen Seite für guten Kaffee.

Serasker Cad. 1 A, Tarihi Kadıköy Çarşısı, Kadıköy
Tel.: 0216 450 28 70
www.fazilbey.com

3 ÇIYA SOFRASI

Der Inhaber und Slow-Food-Anhänger Musa Dağdeviren verhilft der traditionellen türkischen Küche zu neuem Ruhm. In direkter Nachbarschaft des Restaurants betreibt er zwei beliebte Kebap-Restaurants.

Güneşli Bahçe Sok. 44, Kadıköy
Tel.: 0216 330 31 90
www.ciya.com.tr

4 KADIKÖY YENİ SALI PAZARI

Auch von der europäischen Seite kommen viele Besucher, um den Dienstagsmarkt zu erleben.

Fähre ab Kabataş, Eminönü oder Beşiktaş ungefähr alle 30 Min.; Fahrtzeit ca. 20 bis 30 Min. Vom Hafenvorplatz weiter mit Bus 8a nach Hasanpaşa (Haltestelle Salı Pazarı) oder mit der Metro vom Bahnhof Kadıköy Richtung Hasanpaşa (Haltestelle Uzunçayır) und noch ein kurzes Stück zu Fuß bis zum Markt.
Oder ganz bequem und gar nicht so teuer: mit dem Taxi.

5 KIR LOKANTASI

Ausflugslokal auf dem höchsten Punkt Büyükadas mit wunderbarer Aussicht. Nach dem Aufstieg hat man sich den köstlichen Imbiss und den herrlichen Rundumblick im Kır Lokantası wahrlich verdient.

bei Aya Yorgi (St. Georg Kirche), Yüce Tepe, Büyükada

6 KIYI RESTAURANT

Direkt am Meer schmecken Fisch und Meeresfrüchte am besten – als Meze oder als Hauptgericht vom Grill.

Çiçekli Yalı Sok. 2, Büyükada
Tel.: 0216 382 38 28

Kabataş
İskelesi
Paşalimanı Cad.
1
Selmani Pak Cad
Selami Ali Efendi Cad.
Hakimiyeti Milliye Cad.
Üsküdar
Kızkulesi
Harem Üsküdar Yolu
Kadıköy
Haydarpaşa
Söğütlü Çeşme Cad.
Söğütlü Çeşme Cad.
Çilek Sk.
Kuşdili Cad.
3
Serasker Cad.
2
Güneşli Bahçe Sokağı
4
Kadıköy
Salı Pazarı
Çiya
6
Vapur Iskelesi
Gülistan Cad.
Büyükada
5
Aya Yorgi
Büyükada

1 KANAAT LOKANTASI

Gleich beim Betreten des Lokals merkt man: Hier kommt man gleich zur Sache. In einer langen Vitrinentheke macht eine Reihe traditioneller Süßspeisen den Anfang, gefolgt von kalten und warmen Vorspeisen. Gegenüber stehen Köche in weißen Kochhauben hinter Herden und bereiten die Hauptspeisen zu.

EIN FAMILIENRESTAURANT

Das »Kanaat« ist ein großes, gediegenes und äußerst beliebtes Familienrestaurant, wie es kaum noch in Istanbul zu finden ist. Alle Gerichte werden täglich frisch zubereitet – 200 Speisen, vom Salat bis zum Dessert. Mittags und abends sind die meisten Tische besetzt. Zu besonderen Anlässen kann das Kanaat bis zu 500 Personen bewirten, ohne dabei Qualität und Service zu vernachlässigen.

Das Restaurant wurde 1933 von der aus Albanien stammenden türkischen Familie Kargılı gegründet und besteht unter der jetzigen Adresse seit 1940. Drei Familiengenerationen sind in das Unternehmen eingebunden. Umsichtiger und humorvoller Chef des Ganzen ist Mustafa Kargılı, der sich mit seinem Bruder Murat in der Restaurantführung abwechselt.

NOCH IMMER BEGEHRT: VATERS EIS

Mustafa Kargılı erzählt, dass sein Vater Bahrettin den Wohlstand der Familie seinem Wägelchen mit Dondurma (Eiscreme) zu verdanken hat. Das wundert einen nicht, wenn man die köstlichen Eisspezialitäten des Kanaat probiert hat, etwa das Fruchteis mit roten Maulbeeren oder das Sahneeis mit Kaymak (dicke Sahne).

Wie dankbar die Familie dem Gründer des Unternehmens ist, zeigt ein gerahmtes Foto im hinteren Teil des Restaurants: Vater Bahrettin Kargılı schiebt mit fröhlichem Gesicht seinen altertümlichen Eiskarren durch die Straße. Von seinem Geist, seiner Zielstrebigkeit ist im Kanaat noch immer viel zu spüren.

ÇOBAN SALATASI

HIRTENSALAT

Für 4 Personen
4 Fleischtomaten
1 Gurke
3 lange scharfe oder milde Peperoni
1 weiße Zwiebel
1 Bund Petersilie
100 g Schafskäse *(Beyaz Peynir;* nach Belieben)
50 g schwarze Oliven (nach Belieben)
4 EL Olivenöl
2 EL Weißweinessig
4 Zitronenspalten
Salz
Pfeffer

Zubereitung ca. 30 Min.
Pro Portion ca. 125 kcal

1 Die Tomaten waschen, halbieren und die Stielansätze entfernen, die Hälften in ca. 3 cm große Stücke schneiden. Die Gurke schälen, längs halbieren und die Kerne mit einem Löffel herauslösen. Die Hälften in ca. 2 cm große Stücke schneiden. Die Peperoni längs halbieren, putzen, waschen und quer in schmale Streifen schneiden. Das Gemüse in einer Schüssel mischen.

2 Die Zwiebel schälen, halbieren und in feine Streifen schneiden. Die Petersilie waschen und trocken schütteln, die Blätter abzupfen und hacken. Zwiebel und Petersilie in einer weiteren Schüssel mischen.

3 Den Salat auf Teller verteilen. Nach Belieben den Schafskäse darüberbröckeln und die Oliven darauf verteilen. Über jede Portion etwas Olivenöl und Essig träufeln. Die Zwiebel-Petersilien-Mischung darüber verteilen. Den Salat mit den Zitronenspalten servieren und bei Tisch mit Salz und Pfeffer würzen.

ZEYTİNYAĞLI ENGİNAR

ARTISCHOCKEN IN OLIVENÖL

Zugegeben, Artischockenputzen macht ein wenig Arbeit – aber das Ergebnis lohnt sich! In Istanbul hat man es da einfacher: Mobile Artischockenputzer bereiten auf Märkten und in Einkaufsstraßen Artischocken ganz frisch küchenfertig vor.

Für 4 Personen
2 Zitronen
1 EL Mehl
4 große runde Artischocken
1 große Möhre
2 festkochende Kartoffeln
6 EL bestes Olivenöl
1 TL Salz
1 TL Zucker
Pfeffer
100 g Erbsen (frisch oder TK)
1 Bund Dill

Zubereitung ca. 45 Min.
Pro Portion ca. 210 kcal

1 Eine Zitrone auspressen und den Saft mit ½ l Wasser in einen weiten Topf gießen. Das Mehl mit dem Schneebesen unterrühren. Die restliche Zitrone halbieren.

2 Die Artischocken waschen, die Blätter mit einer Schere rundherum knapp über dem Boden entfernen. Das »Heu« von den Böden mit einem Teelöffel abschaben und die Böden mit Wasser abspülen. Die Artischockenstiele auf 4 – 5 cm Länge kürzen und schälen. Die Artischockenböden mit den Zitronenhälften einreiben, damit sie nicht braun werden. Die Böden mit den Stielen nach oben in das vorbereitete Zitronenwasser legen.

3 Die Möhre schälen, in 4 cm lange Stücke und diese längs in ½ cm dünne Streifen schneiden. Die Kartoffeln schälen, waschen und in 1 ½ cm große Würfel schneiden. Kartoffeln und Möhren zu den Artischocken in den Topf geben.

4 Das Olivenöl mit Salz, Zucker und Pfeffer verrühren. Die Mischung zu dem Gemüse geben. Das Gemüse zugedeckt aufkochen und bei mittlerer Hitze in ca. 20 Min. gar kochen. Die Erbsen hinzufügen und ca. 5 Min. mitgaren. Das Gemüse im Topf abkühlen lassen.

5 Die Artischocken mit dem Stiel nach oben auf Teller setzen. Das Gemüse und etwas Sud darumherum verteilen. Den Dill waschen und trocken schütteln, die Spitzen abzupfen und hacken. Den Dill über die Artischocken streuen.

4 KADIKÖY YENİ SALI PAZARI

Einer der größten Wochenmärkte Istanbuls liegt auf der asiatischen Seite. Für einen Besuch dort heißt es früh aufstehen und mit der Fähre nach Kadıköy übersetzen. Der beliebte Markt fand bis 2008 im Zentrum vom Kadıköy statt. Heute wird er im Hasanpaşa-Distrikt (nahe des Fenerbahçe-Stadions) abgehalten. Auf dem riesigen Platz entsteht jeden Dienstag eine faszinierende Zeltstadt mit rund 1900 Ständen. Hier findet man von frischem Gemüse und Obst, Eiern, Honig, Käse, Öl und Getreideprodukten alles, was in der türkischen Küche gebraucht wird. Außerordentlich dekorativ haben die Verkäufer Früchte und Gemüse arrangiert, oftmals liebevoll mit Blättern geschmückt. Hat ein Käufer durch seine Wahl das optische Kunstwerk verändert, werden die Lücken schnell wieder geschlossen.

Die Lebensmittelstände gehen in einen Billigmarkt mit Textilien, Haushaltswaren, Teppichen, Wäsche und Schmuck über. An der Stirnseite des Pazarı finden sich neben Imbissständen auch ein Kaffee- und Teehaus. Am Ausgang ist ein Taxi für die Rückfahrt schnell gefunden.

WIE KOMMT MAN HIN?

Am Fährhafen von Eminönü, Kabataş oder Beşiktaş nimmt man die Fähre nach Kadıköy. Die Fahrt an das asiatische Ufer dauert 20 bis 30 Minuten. Am Hafenvorplatz von Kadıköy wartet der Bus Linie 8a nach Hasanpaşa Mahallesi (Haltestelle Salı Pazarı). Oder man fährt mit der Bahn (Railway) vom Bahnhof Haydarpaşa in Richtung Hasanpaşa Mahallesi bis zur Haltestelle Uzunçayır und geht den Rest zu Fuß. Einfacher, schneller und recht preiswert kommt man mit dem Taxi zum Markt.

2 FAZIL BEY'İN TÜRK KAHVESİ

Die Geschichte des renommierten Kahvehane (Café) ist die Geschichte einer große Leidenschaft. Der 1923 in Kadıköy geborene Architekt Fazıl Tuncalı, ein großer Kaffeegenießer, war Stammkunde bei Kahveci Yavuz, der im historischen Kadıköy-Basar eine Kaffeerösterei betrieb und nebenbei auch Kaffee ausschenkte. Als Kahveci Yavuz sein Geschäft verkaufen musste, übernahm es Ragıp Tuncalı, der Sohn des Architekten, damit sein Vater nicht auf den geliebten Kaffee verzichten musste. Im Jahr 2010 benannte er das Geschäft in »Fazıl Bey'in Türk Kahvesi« (Café von Herrn Fazıl) um.

Nach und nach entstanden in der gleichen Straße weitere Geschäfte mit Verkauf von frisch gerösteten Kaffeebohnen und Kaffeeausschank. Es entwickelte sich ein regelrechtes Kaffeezentrum, das vor allem an Markttagen sehr gut besucht ist. Star ist und bleibt jedoch das Café von Herrn Fazıl. Das Logo von Fazıl Bey zeigt übrigens einen lässig an einem Kaffeehaustisch sitzenden Gentleman, einen Kaffeegenießer nach dem Vorbild von Fazıl Bey (Herrn Fazıl).

TRADITION WIRD GROSS GESCHRIEBEN

In der ehrwürdigen Rösterei wird bis heute mit den alten Maschinen gearbeitet, damit die hohe Qualität und der Geschmack des Kaffees garantiert bleiben. Der Laden ist mit zahlreichen alten Gerätschaften dekoriert – sie erzählen die Handwerksgeschichte der Kaffeerösterei.

Und noch mehr Tradition: Auf dem Tresen des Cafés stehen Karaffen mit selten gewordenen Extrakten für Zencefilli Limonata (Ingwerlimonade) und Demirhindi Şerbeti (Tamarinden-Scherbet, ein aromatischer Sirup, der mit Crushed Ice verdünnt wird).

SLOW FOOD IST FÜR DIE ECHTE TÜRKISCHE KÜCHE NICHTS NEUES, SONDERN TRADITION.

3 ÇİYA SOFRASI

Mit Musa Dağdeviren zu einem neuen Geschmackserlebnis: Auch wer die türkische Küche gut zu kennen glaubt, wird bei Musa Bey (Herrn Musa), Koch und Besitzer des »Çiya Sofrası«, eines Besseren belehrt. Er lässt fast vergessene Gerichte und alte Kochtraditionen aufleben, etwa die aus seiner Heimat Südostanatolien.

Am Beginn seiner Karriere stand Kebap – zuerst 40 Sorten, die sich nach der historischen Spurensuche nach und nach auf 100 erweiterten – genug für zwei Kebap-Restaurants. 1998 folgte dann das Restaurant Çiya Sofrası, wo sich Musa Dağdeviren mit seinen Köchen und seiner Frau Zeynep weiter vor allem den Meze von Anatolien bis Mesopotamien widmet.

ÜBERRASCHUNG: OLIVEN-DESSERT

Im Çiya Sofrası fühlt man sich sofort wohl, denn die Atmosphäre ist angenehm locker. Das Lokal wird überwiegend von Einheimischen besucht und meist sind alle Tische besetzt, vor allem mittags und abends.

Musa Dağdeviren entwickelt alte Gerichte weiter, verfeinert sie und kreiert daraus etwas Neues, etwa im Ofen gebackene grüne Bohnen (siehe S. 166), die durch die lange Garzeit ein überraschend süßliches Aroma bekommen. Von einer völlig neuen Seite lernt man bei ihm schwarze Oliven und Auberginen kennen – zu einer köstlichen Süßspeise kombiniert, die mit Ziegenrahm oder Sesammus serviert wird.

Im Çiya Sofrası geraten Vegetarier so richtig ins Schwärmen: gefüllte Paprikaschoten oder Auberginen, Okraschoten mit Tomaten, Bulgurbällchen … Ein Meze so lecker wie das andere. Die Gäste stellen sich die Vorspeisen am Büfett selbst zusammen. Wer eine Hauptspeise wählt, darf vorher in die Töpfe auf dem Herd schauen.

Morgens, wenn das Restaurant noch geschlossen hat, tüftelt Musa Dağdeviren mit seinen Köchen gerne an neuen Rezepten. Es sind also zukünftig noch viele weitere tolle Gerichte zu erwarten.

GESCHÄTZT UND PRÄMIERT

Musa Dağdeviren verwendet nur vollreif geerntetes Gemüse aus ökologischem Anbau. Ein Netzwerk von Bauern, denen er vertraut, beliefert ihn. Neben seiner Kochkunst ist Musa auch für seinen achtsamen Umgang mit den Zutaten und seiner Einstellung zu natürlichem Essen weltweit bekannt und ausgezeichnet worden. Er ist einer der wenigen Slow-Food-Anhänger der Türkei und mit Carlo Petrini, dem Gründer von Slow Food, befreundet.

çiya
SOFRASI
43
çiya
SOFRASI
tripadvisor
TRAVELLERS' CHOICE 2012

Çiya
Çiya

KURU PATLICAN VE BİBER DOLMASI

GEFÜLLTE GETROCKNETE AUBERGINEN UND PAPRIKA

Wie Girlanden hängen aufgefädelte getrocknete und ausgehöhlte Gemüse in türkischen Lebensmittelgeschäften von der Decke. Außerhalb der Saison geben sie Schmorgerichten Aroma und Pfiff. Sie können aber auch, wie in diesem Gericht, eine tragende Rolle übernehmen.

Für 4 Personen
60 g türk. Rundkornreis *(Pilavlık Pirinç)*
60 g grober Bulgur *(Pilavlık Bulgur)*
4 getrocknete Auberginenhüllen *(Kuru Patlıcan)*
4 getrocknete rote Paprikaschotenhüllen *(Kuru Dolmalık Biber)*
Salz
1 Zwiebel
1 Knoblauchzehe
4 EL Olivenöl
4 geh. TL Tomatenmark
½ TL scharfes Paprikamark (*Acı Biber Salçası;* aus dem Glas)
Pfeffer
1 gestr. TL getrocknete Minze *(Nane)*
¼ TL gemahlener Kreuzkümmel
2 EL Zitronensaft

Zubereitung ca. 1 Std.
Pro Portion ca. 235 kcal

1 Reis und Bulgur in eine Schüssel geben und mit Wasser bedeckt ca. 30 Min. quellen lassen. Die Auberginen- und Paprikaschotenhüllen mit 1 geh. TL Salz in eine Schüssel geben, mit warmem Wasser bedecken und ca. 10 Min. wässern.

2 Einen größeren Topf zur Hälfte mit Wasser füllen, aufkochen lassen und die Auberginen darin 8–9 Min. kochen. Mit dem Schaumlöffel herausheben und in kaltes Wasser legen. Die Paprikaschoten in das Wasser geben und 4–5 Min. kochen. Ebenfalls mit dem Schaumlöffel herausheben und in kaltes Wasser legen. Beide Gemüse zuerst in einem Sieb, anschließend auf Küchenpapier abtropfen lassen.

3 Reis und Bulgur in ein Sieb abgießen und abtropfen lassen. Zwiebel und Knoblauch schälen und fein hacken. 2 EL Olivenöl in einem Topf erhitzen, Zwiebel und Knoblauch darin glasig dünsten. Die Reis-Bulgur-Mischung, 2 geh. TL Tomatenmark, die Paprikapaste, 1 gestr. TL Salz, Pfeffer, Minze, Kreuzkümmel und 4 EL Wasser hinzufügen und alles gut mischen.

4 Das restliche Tomatenmark mit ca. ½ l Wasser, 1 TL Salz, und dem Zitronensaft verrühren und in einen Topf mit Dämpfeinsatz gießen. Die Reis-Bulgur-Mischung in die Gemüse verteilen (die Hülsen sollten etwa halb voll sein) und festdrücken. Die überstehenden Enden locker unterschlagen und die gefüllten Gemüse jeweils zu einer Kugel formen.

5 Die Gemüse dicht nebeneinander in den Dämpfeinsatz legen, mit dem restlichen Olivenöl beträufeln und mit einem Teller beschweren. Die gefüllten Gemüse zugedeckt ca. 50 Min. im Dampf garen. Den Dämpfeinsatz vom Wasser heben und das Gemüse vor dem Servieren etwas ruhen lassen. Die gefüllten Auberginen und Paprikaschoten warm servieren.

FIRINDA TAZE FASULYE

GRÜNE BOHNEN AUS DEM OFEN

Für 4 Personen
800 g breite grüne Bohnen
Salz
2 Knoblauchzehen
4 EL bestes Olivenöl
Tulum Peyniri (krümeliger Schafs- und/oder Ziegenkäse) zum Bestreuen (nach Belieben)

Zubereitung ca. 40 Min. | Garen ca. 50 Min.
Pro Portion ca. 155 kcal

1 Den Backofen auf 200° Ober-/Unterhitze vorheizen (Umluft trocknet die Bohnen aus). Die Bohnen waschen, putzen und in ca. 6 cm lange Stücke brechen. In einem Topf reichlich Salzwasser aufkochen und die Bohnen darin ca. 5 Min. blanchieren. In ein Sieb abgießen, abschrecken und abtropfen lassen.

2 Den Knoblauch schälen und fein hacken. Die Bohnen mit dem Knoblauch und etwas Salz auf einem mit Backpapier belegten Backblech mischen und gleichmäßig verteilen. Mit dem Olivenöl beträufeln und im Ofen in ca. 50 Min. weich und teilweise leicht bräunlich garen. (So werden sie sehr aromatisch und schmecken leicht süßlich.)

3 Die Bohnen lauwarm abkühlen lassen und auf Teller verteilen. Nach Belieben mit wenig krümeligem Tulum Peyniri bestreut servieren.

HUMUS

KICHERERBSEN-SESAM-PASTE

Für 6 Personen
350 g getrocknete Kichererbsen *(Nohut)*
3 Knoblauchzehen
Salz
Saft von 2 Zitronen
150 g Sesammus *(Tahin)*
2 EL Olivenöl
Chiliflocken *(Pul Biber)* zum Garnieren

Zubereitung ca. 30 Min. |
Einweichen über Nacht |
Garen ca. 1 Std. 30 Min.
Pro Portion ca. 385 kcal

1 Am Vortag die Kichererbsen in reichlich Wasser über Nacht einweichen. Am Zubereitungstag die Kichererbsen in ein Sieb abgießen und in einem Topf mit Wasser bedeckt in ca. 1 ½ Std. weich kochen. Die Kichererbsen in ein Sieb abgießen, abschrecken und abkühlen lassen. Dann in einer Rührschüssel mit dem Stabmixer fein pürieren.

2 Den Knoblauch schälen und durch die Knoblauchpresse zu dem Püree drücken. Salz, Zitronensaft und Tahin dazugeben. Alles zuerst mit dem Blitzhacker, dann mit dem Stabmixer zu einer cremigen Paste verarbeiten, dabei etwas Wasser hinzufügen. Die Paste mit Salz und Zitronensaft abschmecken.

3 Den Humus auf kleine Teller verteilen und mit dem Löffel in die Mitte jeweils eine Mulde drücken. Etwas Olivenöl hineinträufeln und mit Chiliflocken bestreuen.

BULGUR KÖFTESİ

SCHARFE BULGURBÄLLCHEN

Fingerfood alla turca, das sind die kleinen, scharfen Bulgurbällchen. Bulgur, der vorgegarte geschrotete Weizen, wird dafür in heißem Wasser eingeweicht und schön pikant mit Paprikamark, Kumin, Minze und Chiliflocken abgeschmeckt. Ein Genuss, auch für Veganer!

Für 4 Personen
125 g sehr feiner Bulgur *(Köftelik Bulgur)*
1 kleine Knoblauchzehe
2 EL Hartweizengrieß
2 TL Tomatenmark
1 EL scharfes Paprikamark *(Acı Biber Salçası)*
1 EL Granatapfelessig *(Nar Ekşisi)*
1 EL bestes Olivenöl
Salz
Pfeffer
gemahlener Kreuzkümmel
½ TL getrocknete Minze *(Nane)*
Chiliflocken *(Pul Biber)*
5 Stiele Petersilie
1 Frühlingszwiebel

Zubereitung ca. 40 Min. |
Einweichen ca. 30 Min.
Pro Portion ca. 170 kcal

1 Den Bulgur in einer Rührschüssel mit 220 ml kochendem Wasser übergießen und 30 Min. quellen lassen.

2 Den Knoblauch schälen und durch die Knoblauchpresse zum Bulgur drücken. Grieß, Tomaten- und Paprikamark, Essig, Olivenöl, Salz, Pfeffer, 1 Prise Kreuzkümmel und Minze dazugeben und alles vermischen. Die Masse mit den Knethaken des Handrührgeräts (besser: mit der Küchenmaschine) 5–10 Min. kräftig kneten, bis alles gut bindet.

3 Den Teig mit Salz, Pfeffer und Chiliflocken scharf abschmecken. Aus dem Bulgurteig mit angefeuchteten Händen walnussgroße Bällchen formen und auf eine Platte legen.

4 Die Petersilie waschen und trocken schütteln, die Blätter abzupfen und fein hacken. Die Frühlingszwiebel putzen, waschen und in feine Ringe schneiden. Frühlingszwiebel und Petersilie über die Bulgurbällchen streuen. Die Bällchen in dem Grün wenden und servieren. Dazu passt ein grüner Salat.

BAMYA KAVURMASI

GEDÜNSTETE OKRASCHOTEN

Okraschoten eilt ja der berechtigte Ruf voraus, dass sie beim Kochen gerne etwas schleimig werden. Im »Çiya« beugt man dem mit einem einfachen Trick vor: Man legt die Schoten zuerst in kaltes Wasser ein und frittiert sie anschließend.

Für 4 Personen
300 g kleine Okraschoten *(Bamya)*
4 EL Weißweinessig
Salz
ca. 200 ml Sonnenblumenöl zum Frittieren
1 Zwiebel
1 Knoblauchzehe
1 rote Spitzpaprikaschote
3 EL Olivenöl
¼ TL Zucker
Pfeffer
einige Spritzer Zitronensaft (nach Belieben)

Zubereitung ca. 40 Min. | Wässern ca. 20 Min.
Pro Portion ca. 115 kcal

1 Die Okraschoten waschen und trocken tupfen, die Kappen dünn schälen, ohne in das Fruchtfleisch zu schneiden. Die Schoten mit Essig und 1 TL Salz in eine Schüssel geben, mit kaltem Wasser bedecken und ca. 20 Min. stehen lassen.

2 Die Schoten in ein Sieb abgießen, abtropfen lassen und mit Küchenpapier trocken tupfen. In einem Topf das Öl auf 180° erhitzen – es hat die richtige Temperatur, wenn an einem Holzkochlöffelstiel, den man hineinhält, kleine Blasen aufsteigen. Die Okraschoten in drei Portionen in das Öl geben und jeweils 2–3 Min. frittieren. Mit dem Schaumlöffel herausheben und auf Küchenpapier abtropfen lassen.

3 Die Zwiebel schälen und würfeln. Den Knoblauch schälen und fein hacken. Die Paprikaschote halbieren, putzen, waschen, und in feine Streifen schneiden. Das Olivenöl in einem Topf erhitzen, Zwiebel und Knoblauch darin glasig dünsten. Die Paprika 2–3 Min. mitdünsten.

4 Die Okraschoten in den Topf geben und zugedeckt 10 Min. mitgaren, dabei nach ca. 5 Min. 3 EL Wasser unterrühren und mit Salz, Zucker und Pfeffer würzen. Die Okraschoten nach Belieben mit Zitronensaft abschmecken und warm mit dünn geschnittenem Weißbrot servieren.

GETROCKNETE OKRASCHOTEN

Okraschoten können Sie auch im Winter zubereiten. In türkischen Lebensmittelläden gibt es getrocknete Okraschoten zu Ketten aufgefädelt. Weichen Sie sie über Nacht in reichlich Wasser ein, dann können Sie sie wie frische Schoten zubereiten.

Çiya

6 KIYI RESTAURANT

Der perfekte Abschluss eines erlebnisreichen Tages auf der Prinzeninsel Büyükada ist ein feines Fischgericht im »Kıyı« nahe dem Hafen. Die große Auswahl an frischen Fischen und Meeresfrüchten aus der Vitrine und der Vorschlag des Kochs für deren Zubereitungsmöglichkeiten machen sofort Appetit.

Unverzüglich werden die Vorspeisen auf den Tisch gezaubert. Während man von diesem und jenem genießt, dabei die Passanten, ausgefallene Garderoben und vorbeischlendernde Katzen beobachtet, werden auch schon die warmen Gerichte serviert: überbackene Garnelen in einer Keramikform, Fisch vom Grill, etwa Blaufisch (Lüfer) oder Rotbarbe (Barbunya), in Mehl gewendet und in Olivenöl gebraten. Fehlt nur noch ein frischer Salat.

WOHLFÜHLPLATZ IN BESTER LAGE

In nächster Nähe zur Fähre im Restaurant sitzen, ein- und auslaufende Boote beobachten, die Flugkünste der Möwen bewundern und dabei entspannt ein Glas Wein genießen, das alles sorgt dafür, dass vor der Rückfahrt kein Stress entsteht. Es empfiehlt sich jedoch, den Ausflug nach Büyükada nicht für das Wochenende zu planen, wenn es alle auf die Inseln zieht. Dann wird es schwierig mit dem Lieblingsplatz auf der Fähre. Doch auch im gut gefüllten Boot herrscht gute Stimmung: Alle rücken eng zusammen und gesungen wird sowieso in jeder Lage.

TARATORLU MİDYE TAVASI

MUSCHELN MIT WALNUSSSAUCE

Gebackene Muscheln sind auch ein perfektes Fingerfood: Stecken Sie dafür drei oder vier Miesmuscheln auf kleine Holzspieße, ziehen Sie sie durch den Teig und frittieren Sie sie anschließend. Die Walnusssauce können Sie als Dip dazu servieren.

Für 6 Personen

FÜR DIE SAUCE:

100 g Walnüsse
2 Scheiben Weißbrot (ca. 40 g; ohne Rinde)
Saft von 1 Zitrone
4 EL Sonnenblumenöl
1 Knoblauchzehe
Salz

FÜR DIE MUSCHELN:

2 kg Miesmuscheln
Salz
1 TL schwarze Pfefferkörner
1 Lorbeerblatt
10 EL Mehl
1 EL Speisestärke
2 Eigelbe (Größe M)
ca. ⅛ l helles Bier
ca. 200 ml Sonnenblumenöl zum Frittieren

Zubereitung ca. 1 Std.
Pro Portion ca. 360 kcal

1 Für die Sauce die Walnüsse im Blitzhacker fein zerkleinern. Das Brot in wenig Wasser einweichen, gut ausdrücken und mit den Walnüssen, dem Zitronensaft und dem Öl mit dem Stabmixer zu einer feinen Paste pürieren. Den Knoblauch schälen und durch die Presse dazudrücken. Löffelweise so viel kaltes Wasser unterrühren, bis eine dickflüssige Sauce entstanden ist. Mit Salz würzen und kalt stellen.

2 Für die Muscheln die Miesmuscheln unter fließendem Wasser abbürsten – bereits geöffnete Muscheln wegwerfen. Die »Bärte« mit der Küchenschere abschneiden. In einem großen Topf ¼ l Wasser mit 1 TL Salz, Pfefferkörnern und Lorbeerblatt aufkochen. Die Muscheln darin zugedeckt 8 Min. kochen, zwischendurch den Topf rütteln. Die Muscheln in ein Sieb abgießen. Das Muschelfleisch aus den Schalen lösen – nicht geöffnete Muscheln wegwerfen – und auf Küchenpapier abtropfen lassen.

3 In einen tiefen Teller 3–4 EL Mehl sieben. Das restliche Mehl mit der Speisestärke in eine Schüssel sieben. Eigelbe, Bier und ½ TL Salz in die Schüssel geben und alles zu einem dünnflüssigen Teig verrühren.

4 Das Öl in einem Topf auf 180° erhitzen – es hat die richtige Temperatur, wenn an einem Holzkochlöffelstiel, den man hineinhält, kleine Blasen aufsteigen. Die Muscheln im Mehl wenden und überschüssiges Mehl abschütteln. Dann durch den Teig ziehen und im heißen Öl rundherum goldbraun ausbacken. Die Muscheln mit dem Schaumlöffel herausheben und auf Küchenpapier abtropfen lassen. Die heißen Muscheln mit der Walnusssauce servieren.

KARİDES GÜVEÇ

ÜBERBACKENE GARNELEN

Für 6 Personen
60 g Butter
1–2 Lorbeerblätter
4 Schalotten
2 Knoblauchzehen
4 große Tomaten
2 lange milde Peperoni
250 g kleine Champignons
⅛ l trockener Weißwein
Salz | Pfeffer
1 Msp. Cayennepfeffer
400 g Garnelen (küchenfertig)
75 g geriebener mittelalter *Kaşar* (türk. Schnittkäse; ersatzweise Greyerzer)

Zubereitung ca. 45 Min.
Pro Portion ca. 195 kcal

1 Sechs ofenfeste Gratinförmchen mit 20 g Butter ausfetten. Die restliche Butter in einer Pfanne erhitzen und die in Stücke gebrochenen Lorbeerblätter darin kurz anrösten. Die Pfanne vom Herd nehmen. Den Backofen auf 220° vorheizen.

2 Die Schalotten schälen und fein würfeln. Knoblauch schälen und fein hacken. Die Tomaten mit kochendem Wasser überbrühen, häuten, halbieren, die Stielansätze und die Kerne entfernen. Das Fruchtfleisch fein hacken. Peperoni putzen, waschen und in Ringe schneiden. Champignons putzen und vierteln.

3 Die Pfanne mit den Lorbeerblättern wieder erhitzen. Das Gemüse und die Pilze darin andünsten. Wein angießen und 3 Min. köcheln. Mit Salz, Pfeffer und Cayennepfeffer würzen.

4 Die Garnelen waschen, trocken tupfen und mit dem Gemüse erhitzen. Die Garnelenmischung in die Gratinförmchen verteilen, mit dem Käse bestreuen und im Ofen (oben) in 5–10 Min. goldbraun überbacken. Mit Fladenbrot servieren.

AHTAPOT SALATASI

OKTOPUSSALAT

Für 6 Personen
1 kg Oktopus-Tentakel (frisch oder TK)
3 EL Weißweinessig
4 EL bestes Olivenöl
Salz
Pfeffer
4 milchsauer eingelegte Gurken (*Salatalık Turşusu*; ersatzweise Salzgurken)
2 milde rote Spitzpaprikaschoten
1 Bund Dill
etwas Zitronensaft

Zubereitung ca. 45 Min. | Kochen ca. 40 Min. | Marinieren ca. 2 Std.
Pro Portion ca. 205 kcal

1 Frischen Oktopus mit dem Fleischklopfer zart klopfen, bei aufgetautem, tiefgekühltem Oktopus entfällt das Klopfen. Die Tentakel unter fließendem kaltem Wasser gründlich waschen.

2 In einem großen Topf reichlich Wasser aufkochen und die Tentakel darin in 30–40 Min. ohne Salz weich kochen. Die Tentakel herausheben, abtropfen und abkühlen lassen. In einer Schüssel aus Essig, Olivenöl, wenig Salz und Pfeffer eine Marinade rühren. Die Tentakel in 2–3 cm große Stücke schneiden und mit der Marinade mischen. Den Oktopus zugedeckt im Kühlschrank 1–2 Std. marinieren.

3 Die Gurken in 1 cm dicke Scheiben schneiden. Die Paprikaschoten halbieren, putzen, waschen und in 1 × 3 cm große Streifen schneiden. Den Dill waschen und trocken schütteln, die Spitzen abzupfen und nicht zu fein hacken. Dill, Paprika und Gurken mit dem Oktopussalat mischen. Mit Zitronensaft, Salz und Pfeffer abschmecken.

MIT 2 PS ZUM HEILIGEN GEORG

Um Büyükada wirklich zu erleben, sollte man nicht nur die Geschäftsstraßen erkunden. Sportliche leihen sich für eine Rundfahrt ein Mountainbike, doch so richtig stilvoll reist man auf der Insel mit der Pferdekutsche. Wer sich weder von der langen Warteschlange, noch vom Preis (rund 100 Türkische Lira, ca. 36 Euro) der Kutschfahrt abhalten lässt, wird mit einer traumhaften Rundreise belohnt. In den kleinen, mit allerlei Fransen und bunten Kunstblumen verzierten Kutschen geht es vorbei an prachtvollen Villen, manche noch aus Holz, mit kunstvoll verschnörkelten Balkonen und Veranden. Bougainvilleen, Pfefferbäume, blühende Hibiskus und Palmen erinnern an mondäne mediterrane Badeorte.

KUTSCHE GEGEN RADFAHRER

Auf und ab geht es mit der Kutsche, Pferde und Kutscher zeigen, was sie draufhaben und hängen sogar sportliche Radfahrer ab. Die Pferde machen ihre Arbeit gut, sie sind täglich in zwei Schichten unterwegs. In der Regel leisten sie zehn Dienstjahre ab, bevor sie in den wohlverdienten Ruhestand gehen.

Auf der Anhöhe öffnet sich der Pinienwald zu einem Kutschenparkplatz mit schattigem Teegarten. Ab hier geht es zu Fuß weiter: eine halbe Stunde bergauf zur Kirche des Heiligen Georg (Aya Yorgi) auf dem Yücetepe.

DER HEILIGE GEORG UND DIE WUNSCHBÄNDCHEN

Um das Ziel Aya Yorgi ranken sich allerlei Legenden und vor allem Hoffnungen. Büsche rechts und links des Weges sind mit Wunschbändchen aus allen möglichen Materialien behängt: Streifen aus Stoff, aus Wasserflaschenbanderolen und Papiertaschentüchern schmücken die Zweige am Wegesrand. In jedes Bändchen ist ein geheimer Wunsch geknüpft. Vor allem an den Kirchen- und Patronatsfesten Aya Yorgis – am 23. April, 23. August und 24. September – kommen Hunderte von Frauen, viele mit Kinderwunsch, auf die Insel. Sie knoten nach altem Brauch – schweigend und bisweilen sogar barfuß – den Anfang einer Garnrolle an einen Baum. Betend wandern sie zur Kirche hinauf und wickeln dabei die Garnrolle ab. Geht ihr Wunsch in Erfüllung, kommen sie wieder und gehen den Weg noch einmal betend – dieses Mal jedoch ohne Garn. Zum Schluss bieten sie auf dem Kutschplatz anderen Pilgern Getränke und Süßigkeiten an. Die pilgernden Frauen sind übrigens nicht alle Christinnen, auch muslimische Frauen mit Kopftuch bitten den Heiligen Georg um Erfüllung ihrer Wünsche.

DIOKLETIANS STRAFE

Aya Yorgi, der Heilige Georg, stammte aus einer wohlhabenden Familie in Kappadokien und diente unter Kaiser Diokletian. Als sich Georg zum Christentum bekannte, ließ ihn Diokletian am 23. April 303 enthaupten. St. Georg, der oft mit einem Drachen dargestellt wird, gehört zu den am meisten verehrten Heiligen der Kirchen des Orients und Okzidents.

Aya Yorgi ist neben dem Haus der Maria in Ephesus die wichtigste Pilgerstätte in der Türkei. Damit ihre Wünsche in Erfüllung gehen, müssen die Gläubigen beide Stätten einmal im Jahr besuchen.

KIRCHE MIT AUSSICHT

In der kleinen, mit Ikonen geschmückten Kirche kann man eine besinnliche Auszeit nehmen und vielleicht eine Kerze im Gedenken an den Heiligen Georg oder die Lieben daheim anzünden.

Auf jeden Fall wird man für den steilen Aufstieg mit einer umwerfenden Aussicht belohnt – auf Meer, Inseln, Boote und das im Dunst weit weg liegende Istanbul. Vor dem Heimweg kann man sich im Ausflugslokal »Kır Lokantası« erfrischen und stärken. Allzu sehr sollte man seinen Aufenthalt dort allerdings nicht ausdehnen, denn die Kutscher verlangen für ungewöhnlich lange Wartezeiten einen Preisaufschlag.

Auf dem Weg nach unten zum Kutschenplatz begegnet man am späten Nachmittag einem grummelnden und kopfschüttelnden Gärtner, der die Wunschbänder mitsamt den Zweigen, an denen sie hängen, abschneidet. Ordnung muss schließlich sein!

5 KIR LOKANTASI

Das Ziel auf dem Yücetepe, dem höchsten Berg von Büyükada, ist natürlich erst einmal die Kirche des Heiligen Georg (Aya Yorgi). Doch man sollte sich das »Kır Lokantası« nicht entgehen lassen, wo man ganz gemütlich die herrliche Aussicht genießen kann (siehe Foto S. 181). Das Gartenlokal bietet viel Platz für die pilgernden Gäste, die sich vom Anstieg erholen und vor der Rückfahrt mit der Kutsche oder dem Fahrrad erfrischen und stärken möchten.

Rund um den Küchenkiosk im Freien laden Tische und Stühle zum Platznehmen ein, Bäume und große Sträucher spenden kühlen Schatten. Naciye Kuru kocht seit 1992 täglich auf: einfache traditionelle Speisen, Salate, Teigtäschchen, Wurst und Fleisch vom Grill. Man bestellt am Küchenfenster und nimmt dort auch die frisch zubereiteten Speisen in Empfang. In einem Häuschen nebenan holt man sich kalte und warme Getränke, auch Bier ist zu haben.

KÖFTE

TÜRKISCHE FRIKADELLEN

Für 6 Personen
1 große Zwiebel
2 Knoblauchzehen
1 Bund Petersilie
600 g feines Lamm- oder Rinderhackfleisch
2 Scheiben Kastenweißbrot
⅛ l Milch
Salz
Pfeffer
5 EL Olivenöl
3 EL Mehl

Zubereitung ca. 40 Min.
Pro Portion ca. 360 kcal

1 Zwiebel und Knoblauch schälen. Die Zwiebel auf der Sternreibe fein reiben, den austretenden Saft abgießen. Den Knoblauch durch die Knoblauchpresse drücken. Die Petersilie waschen und trocken schütteln, die Blätter abzupfen und fein hacken. Alles mit dem Hackfleisch in eine Schüssel geben.

2 Die Weißbrotscheiben entrinden und in der Milch einweichen. Dann sehr gut ausdrücken und zum Hackfleisch geben. Mit Salz und Pfeffer würzen und alles mit der Hand mindestens 10 Min. gründlich durchkneten.

3 Aus der Fleischmasse mit leicht angefeuchteten Händen kleine flache Frikadellen von ca. 6 cm Ø formen. Das Olivenöl in einer Pfanne erhitzen. Das Mehl auf einen Teller geben, die Frikadellen darin wenden und überschüssiges Mehl abschütteln. Die Frikadellen auf jeder Seite in ca. 3 Min. braun braten. Herausheben und heiß servieren. Dazu passen Knoblauchjoghurt, Tomatenscheiben, Peperonistreifen und Weißbrot.

MUSKA BÖREĞİ

KÄSETÄSCHCHEN

Für 4 Personen
2 Blätter Yufkateig (*Yufka;* aus dem Kühlregal)
150 g Schafskäse *(Beyaz Peynir)*
¼ Bund Petersilie
je 4–5 Stiele Dill und Minze
ca. 100 ml Sonnenblumenöl zum Frittieren

Zubereitung ca. 45 Min.
Pro Portion ca. 165 kcal

1 Den Yufkateig auf der Arbeitsfläche ausbreiten, mit dem Wassersprüher leicht benetzen und mit einem Küchentuch bedeckt ca. 10 Min. ruhen lassen.

2 In der Zwischenzeit den Schafskäse in einem tiefen Teller mit einer Gabel fein zerdrücken. Die Kräuter waschen und trocken schütteln, die Spitzen oder Blätter abzupfen und fein hacken. Die Kräuter mit dem Schafskäse mischen.

3 Den Teig quer in ca. 8 × 30 cm große Streifen schneiden und mit den Längsseiten parallel zur Kante der Arbeitsfläche legen. Auf der rechten Hälfte jedes Streifens 2 TL Schafskäsemischung verteilen. Die Streifen zu Täschchen formen: Dafür die obere Ecke der Schmalseite auf die untere Längsseite klappen, sodass ein Dreieck entsteht. Dieses Dreieck über die linke Seite klappen, dass wieder ein Dreieck entsteht. So weiter verfahren, bis der Teig aufgebraucht ist und ein dreieckiges Täschchen entstanden ist. Die anderen Teigstreifen auf die gleiche Weise falten.

4 Das Öl etwa fingerhoch in einer Pfanne erhitzen und die Teigtäschchen darin portionsweise goldgelb und knusprig backen. Herausheben und auf mehreren Lagen Küchenpapier abtropfen lassen. Die Käsetäschchen heiß servieren.

CACIK

JOGHURT MIT GURKE

Für 4 Personen
600 g stichfester säuerlicher Joghurt
400 g kleine Gärtnergurken
1 Knoblauchzehe
Salz
Pfeffer
1 EL Olivenöl
3 Stiele Petersilie
1 TL getrocknete Minze (*Nane*; nach Belieben)

Zubereitung ca. 20 Min. | Kühlen 1 Std.
Pro Portion ca. 130 kcal

1 Den Joghurt in eine Schüssel geben und mit dem Schneebesen cremig rühren. Die Gurken schälen, längs halbieren und die Kerne mit einem Löffel herausschaben. Die Gurken grob raspeln und unter den Joghurt mischen.

2 Die Knoblauchzehe schälen, durch die Knoblauchpresse zum Joghurt drücken und unterrühren. Die Joghurtcreme mit Salz und Pfeffer würzen. Die Petersilie waschen und trocken schütteln, die Blätter abzupfen und fein hacken. Das Olivenöl und die Petersilie unter die Joghurtcreme mischen.

3 Das Cacık mit der Minze verrühren und zugedeckt im Kühlschrank 1 Std. ruhen lassen.

ERFRISCHENDE VARIANTEN

Den Joghurt kann man nach Belieben mit etwas Wasser zu einem suppenartigen Gericht verdünnen oder man verdoppelt die Gurkenmenge, sodass der Joghurt fast nur noch Nebensache ist – beide Varianten werden im Sommer gerne als leichte, erfrischende Mahlzeiten genossen.

041

Hoşgeldiniz

VIELE VERSCHIEDENE RESTAURANTTYPEN

Wo gibt es was? Die gastronomische Szene Istanbuls ist vielfältig. Die meisten Lokale in der Türkei sind auf bestimmte Speisen spezialisiert. Zum Beispiel auf Fleisch oder Fisch, auf Hausmannskost oder eine reiche Meze-Tafel. Was gibt es also beim Tatlıcı, beim Muhallebici, beim Kebapçı oder Börekçi, und wohin geht man, wenn man genüsslich frühstücken möchte?

FRÜHSTÜCK FÜR JEDEN GESCHMACK

Unter der Woche gibt es für viele Istanbuler zum Frühstück nur ein Simit (Sesamkringel), vielleicht etwas Käse, einige Oliven und ein Glas Tee. Doch am Wochenende nehmen sie sich für die erste Mahlzeit viel Zeit. Gerne gehen sie dafür auch außer Haus. Ideale »Kahvaltı Salonu« (Frühstückslokale) sind zum Beispiel das Namlı (siehe S. 42) oder die House Cafés (siehe S. 89), wo es sowohl ein üppiges türkisches als auch ein internationales Frühstück gibt.

MITTAGS INS FAMILIENRESTAURANT

Zum Mittagessen geht man gerne in ein einfaches »Lokanta«, ein Lokal oder Restaurant mit Hausmannskost, wo das Essen in großen Töpfen bereitsteht oder man sich am Büfett bedienen kann. »İçkisiz Aile Lokantası« sind Familienrestaurants, in denen kein Alkohol ausgeschenkt wird. Beim »Kebapçı« oder im »Kebap Salonu« lässt man sich Izgara Şişkebap (Fleischspieße) oder Köfte (Frikadellen vom Grill) servieren.

HAUPTSACHE FISCH

»Balık Lokantası«, wie die Restaurants genannt werden, die sich auf Fischgerichte spezialisiert haben, gibt es viele. Zum Beispiel bei der Galata-Brücke in Karaköy, in Kumkapı am Marmarameer oder auf Büyükada. Die Auswahl an Fisch und an Meerestieren ist beachtlich. Bevor das ausgewählte Fischgericht serviert wird, bleibt immer noch Zeit für Meze aus dem Meer, etwa mit Muscheln, Garnelen oder Oktopus. Zu Fischgerichten wird gerne Alkohol, meist Rakı, getrunken.

MILCH- UND HUHNGERICHTE

Die beliebten »Muhallebici« haben eine für uns ungewöhnliche Speisenkombination auf der Karte: Milch-Süßspeisen, Puddinge, Hühnersuppe und Huhn mit Reis. In Eminönü eröffnete das elegante Restaurant »Saray Muhallebicisi«. Eine Mahlzeit beginnt dort mit Hühnersuppe und schließt ab mit Kazandibi, einer karamellisierten Puddingrolle mit fein zerkleinerter Hühnerbrust. Vielleicht gewöhnungsbedürftig, aber köstlich!

Saray Muhallebicisi, Arpacılar Sok. 16 A, Eminönü

BÖREK ZU JEDER TAGESZEIT

Frisch zubereitetes Börek vom großen Blech gibt es in den Läden der »Börekçi« schon am Morgen. Die quadratisch geschnittenen Stücke bestehen aus mehreren Lagen dünnem Teig und sind entweder mit Käse und Kräutern, Käse und Spinat oder würzigem Hackfleisch gefüllt. Börek gibt es zum Frühstück, zum Mittag- oder Abendessen oder einfach nur als köstlichen Snack. Sehr gutes Börek gibt es etwa bei Güllüoğlu in Karaköy (siehe S. 43).

MEZE AM ABEND

In den Meyhane (Tavernen), trifft man sich vom frühen Abend bis in die Nacht, um mit Freunden oder Geschäftspartnern einen geselligen Abend bei Rakı oder Wein zu verbringen. Die nach und nach servierten kalten und warmen Vorspeisen dienen dazu, der Wirkung des Alkohols entgegenzuwirken. Meze sind also eigentlich nur eine köstliche, aber unverzichtbare Nebensache. Zahlreiche traditionelle Meyhane sind vor allem an den Wochenenden meist komplett ausgebucht.

SÜSSES SCHWELGEN

Was wäre die Türkei ohne ihre süßen Verführungen? Beim »Tatlıcı« (Süßigkeitengeschäft) ist man an der Quelle des Glücks. Die poetischen Namen all der feinen Gebäcke und Desserts klingen wie aus Tausendundeiner Nacht: Frauennabel, Lippen der Schönen, Nachtigallennester … Kalorienzählen sollte man dabei vergessen.

GLOSSAR

Alle in den Rezepten verwendeten türkischen Produkte bekommt man auch bei uns in gut sortierten türkischen Lebensmittelgeschäften.

Bamya (Okra), die länglichen, hellgrünen Früchte des Gemüse-Eibischs schmecken mild, erinnern leicht an grüne Bohnen und gelten als sehr gesund. Damit Okras beim Kochen nicht schleimig werden, die Kappen nur ganz dünn schälen und das Fruchtfleisch nicht verletzen.

Beyaz Peynir (Schafskäse), der in Salzlake gereifte feste Frischkäse aus Schafsmilch, ist aus der türkischen Küche nicht wegzudenken. Schafskäse ist ein echter Allrounder. Guter Schafskäse schmeckt säuerlich und besitzt mindestens 45 % Fett i. Tr.

Biber Salçası (Paprikamark) ist eine dicke, feste Paste, die im Glas angeboten wird. Es gibt sie in den Varianten *tatlı* (mild) und *acı* (scharf).

Bulgur (Weizenschrot) ist geschroteter Weizen, der vorgegart und anschließend getrocknet wurde. Es gibt ihn unterschiedlich fein zerkleinert. *Köftelik Bulgur* ist sehr fein und wird gerne für Klößchen oder Salat verwendet. Den gröberen *Pilavlık Bulgur* kocht man wie Reis oder bereitet ihn ähnlich wie Risotto zu.

Çörekotu (Schwarzkümmel), auch Römischer Kümmel oder Schwarzer Sesam genannt, ist der Samen eines Hahnenfußgewächses. Man bekommt Schwarzkümmel in Gewürzläden und manchmal auch in gut sortierten Supermärkten.

Dil Peyniri (fester Filatakäse) ist ein Mozzarella-ähnlicher, etwas trockenerer Käse, den man in langen Strängen vom Laib abziehen kann. Er schmeckt mild oder auch salzig und kann durch Mozzarella ersetzt werden.

Filo Yufkası (Filoteig) besteht aus Mehl und Wasser. Jeweils elf oder zwölf der hauchdünnen Teigblätter liegen übereinander und sind aufgerollt. Es gibt ihn frisch in der Kühltheke und tiefgekühlt. Tiefgekühlten Teig in der Folie auftauen lassen und erst herausnehmen, wenn er verarbeitet wird, sonst trocknet er aus und wird brüchig.

Fındık Yağı (Haselnussöl) wird in der geschmacksneutralen Variante in der feinen Küche auch zum Frittieren verwendet. Bei uns ist dieses Öl nur schwierig zu bekommen und meist auch nicht geschmacksneutral. Am besten durch Sonnenblumenöl ersetzen. Die Türkei zählt zu den Hauptanbaugebieten für Haselnüsse.

Gül Suyu (Rosenwasser) entsteht bei der Destillation von Rosenöl aus frischen Rosenblättern. Es wird vor allem zum Aromatisieren von Süßspeisen und süßem Gebäck verwendet. Naturreines Rosenwasser bekommt man auch im Bioladen oder in der Apotheke.

Kadayıf/Telkadayıfı (Fadenteig) kommt vor allem bei Süßspeisen zum Einsatz. Die dünnen, auf einem heißen Blech vorgegarten Teigfäden bekommt man entweder frisch in der Kühltheke oder im Tiefkühlfach.

Karalahana (Schwarzkohl) bekommt man im Spätsommer und frühen Herbst. Die dunkelgrünen Blätter mit ihren langen Stielen werden gerne zum Füllen verwendet, man kann sie aber auch zu Gemüse oder gedünstetem Salat verarbeiten. Schwarzkohl schmeckt herb und leicht bitter. Man kann ihn durch Bio-Kohlrabiblätter, zarte Grünkohlblätter oder jungen Wirsing ersetzen.

Kaşar Peyniri (gelber würziger Käse) ist ein halbfester oder fester Käse aus Kuh- und/oder Schafsmilch, der je nach Alter mild bis sehr pikant schmecken kann. Pikante Sorten kann man durch alten Pecorino ersetzen.

Kaymak (dicke Sahne) ist eine typisch türkische Spezialität, die es bei uns in zufriedenstellender Qualität kaum zu kaufen gibt. Ein echter Kaymak ist sehr dick, schnittfest und recht fetthaltig. Für die Herstellung wird frische, unbehandelte Milch erhitzt, die Rahmschicht nach und nach abgeschöpft und eingekocht. In der türkischen Küche serviert man Kaymak zu Früchten, als Eissorte und als Dessert. Als Ersatz kann man Crème double oder Mascarpone verwenden.

Kekik (Berg-Oregano) ähnelt im Geschmack frischem Bohnenkraut, kann aber auch durch Oregano oder Thymian ersetzt werden.

Kuru Bakla (getrocknete, geschälte Dicke Bohnenkerne) werden in Wasser musig gekocht.

Kuru Dolmalık Biber (getrocknete Paprikaschotenhüllen) weicht man vor der Verwendung in warmem Wasser ein. Für ihre Herstellung werden erntereife Gemüse ausgehöhlt, aufgefädelt und in der Sommerhitze getrocknet.

Kuru Patlıcan (getrocknete Auberginenhüllen) siehe *Kuru Dolmalık Biber*

Kuşüzümü (Korinthen) sind winzige, leicht pfeffrig schmeckende, säuerliche Korinthen, die hauptsächlich mit Reis gekocht werden.

Nane (Minze) ist eines der beliebtesten Kräuter in der türkischen Küche und wird meist getrocknet verwendet.

Nar Ekşisi (Granatapfelessig) ist ein dicklicher, dunkler, säuerlicher Sirup aus unreifen Granatäpfeln, der wie Essig verwendet wird. Er besitzt ein ausgeprägt fruchtiges Aroma und kann sehr sauer bis süßlich schmecken.

Nohut (getrocknete Kichererbsen) werden über Nacht eingeweicht und dann weich gekocht. Die Garzeit hängt davon ab, wie lange die Hülsenfrüchte gelagert wurden. Deshalb nach Ende der angegebenen Garzeit eine Garprobe nehmen und nach Bedarf weiterkochen.

Portakal Çiçeği Suyu (Orangenblütenwasser) wird aus den noch geschlossenen Blüten der Bitterorangen destilliert. Es duftet blumig und schmeckt leicht herb. Man verwendet es sparsam zum Aromatisieren von Desserts und Gebäck. Im Bioladen und in Apotheken erhältlich.

Pastırma (Rinder-Trockenfleisch) ist getrocknetes Fleisch aus Rinderfilet oder -lende. Rundherum ist es dick mit *Çemen* (Gewürzpaste) bedeckt. In Lebensmittelläden wird es frisch in dünne Scheiben geschnitten. Man bekommt es aber auch in Folie eingeschweißt.

Pekmez (Traubensirup) ist ein stark eingekochter, dicker Fruchtsirup. Statt aus Trauben kann er auch aus Äpfeln, Pflaumen oder Johannisbrot gewonnen werden.

Pilavlık Pirinç (türk. Rundkornreis) ist ein Reis mit großen runden Körnern. Die Körner sind mit einer dünnen Reismehlschicht bestäubt, wodurch der Reis beim Kochen sämig wird. Ist dies nicht erwünscht, wird der Reis vor dem Garen mit Wasser abgespült.

Pirinç Unu (Reismehl) ist ein weißes, sehr feines leichtes Mehl, das man auch in Asien- und Bioläden bekommt.

Pul Biber (Chiliflocken) kennt man bei uns vom Döner. Die trockenen roten Chili-Plättchen können ganz schön scharf sein, vor der Verwendung deshalb probieren.

Salamura Yaprak (Weinblätter) eignen sich hervorragend als Umhüllung diverser Füllungen. Es gibt sie in Salzlake eingelegt oder frisch. Eingelegte Weinblätter können recht salzig und fest sein, deshalb am besten vor der Verwendung in siedendem Wasser 2–3 Min. köcheln lassen. Frische Weinblätter nur kurz blanchieren.

Tahin (Sesampaste) schmeckt nussig, mehr oder weniger bitter und manchmal sogar ein wenig rauchig. Der Geschmack hängt davon ab, ob die Sesamkörner zuvor geschält waren, im Ganzen vermahlen oder geräuchert wurden. Sesampaste gibt es im Glas im Bioladen und im gut sortierten Supermarkt.

Telkadayıfı siehe *Kadayıf*

Tulum Peyniri (krümeliger Schafs- und Ziegenkäse) ist ein trockener Nomaden- oder Dorfkäse. Bei seiner Herstellung wird die stark gesalzene rohe Käsemasse (Käsebruch) in einem Sack – früher in einem Ziegenbalg – gepresst und so haltbar gemacht. Der krümelige Käse wird meist in Gläser abgepackt.

Turşu (eingelegtes Gemüse) ist milchsauer eingelegtes Gemüse – Gurken, grüne Tomaten, Möhren, Weißkohl, Peperonischoten etc. Es wird gerne als Vorspeise, zu Suppen und Eintopfgerichten gereicht. Bei Straßenhändlern bekommt man nicht nur das eingelegte Gemüse in kleinen Bechern zum Sofortessen, sondern auch die sauersalzige Lake, die als gesund und appetitanregend gilt.

Yoğurt (Joghurt) ist für die türkische Küche idealerweise stichfest und schön säuerlich im Geschmack. Für einen besonders dicken, cremigen Joghurt eine große Kaffeefiltertüte in ein Spitzsieb setzen, stichfesten Naturjoghurt (3,5 %) hineingeben und ca. 30 Min. abtropfen lassen.

Yufka (Yufkateig) ist ein sehr dünn ausgerollter Teig, vergleichbar mit Strudelteig. Nach der Herstellung werden die Teigblätter auf einem heißen Blech kurz vorgegart und dann in Folie verschweißt. Man bekommt Yufkateig in der Kühltheke.

REZEPT-REGISTER

Die Rezepte sind in alphabetischer Reihenfolge aufgelistet. Sie finden Sie hier auch unter ihren **fett gedruckten** Hauptzutaten.

A

B

C/D

F

G

H

I/J

K

L/M

N/O

P/Q

R

S

T

V/W

Y/Z

SACHREGISTER

Adressen siehe **fett** gedruckte Seitenzahlen

Die werden Sie auch lieben.

ISBN 978-3-8338-3405-9

ISBN 978-3-8338-3404-2

Zu den Büchern Indische Küche in London und Weinbars in Venedig gibt´s die kostenlose App für unterwegs!

- mit allen Spaziergängen
- mit interaktiven Stadtkarten, Reisetipps und Spezialitäten
- für iPhone & Android Smartphones

ISBN 978-3-8338-2203-2

ISBN 978-3-8338-2198-1

ISBN 978-3-8338-3606-0

e Auch als eBook erhältlich.

Mehr von GU auf **www.gu.de** und
facebook.com/gu.verlag

G|U
Willkommen im Leben.

IMPRESSUM

Konzept: Birgit Rademacker
Projektleitung: Karina Rernböck
Lektorat: Gerti Köhn, München
Korrektorat: Petra Bachmann
Layout, Typographie und Umschlaggestaltung: independent Medien-Design, Horst Moser, München
Satz: Gerti Köhn, München
Herstellung: Petra Roth
Reproduktion: Longo AG, Bozen
Druck und Bindung: PRINTER TRENTO S.r.l., Trient
Syndication: www.jalag-syndication.de

1. Auflage 2015
ISBN 978-3-8338-4397-6

www.facebook.com/gu.verlag

Bildnachweis

Uwe Tölle: alle Fotos außer S. 6: Margot Obert
Martin Haake: alle Illustrationen

GRÄFE UND UNZER

Ein Unternehmen der
GANSKE VERLAGSGRUPPE

Die Autoren

Petra Casparek, Erika Casparek-Türkkan und **Taneli Türkkan** haben eine ganz besondere Beziehung zu Istanbul und der Türkei: Taneli Türkkan ist türkisch-finnischer Herkunft, verbrachte Kindheit und Studium in Istanbul und lernte seine Frau Erika in der Türkei kennen. Beide bereisen das Land regelmäßig und haben schon mehrere Türkei-Reiseführer bzw. auch einen Istanbulführer zusammen geschrieben. Erika Casparek-Türkkan und ihre Tochter Petra sind beide erfolgreiche Foodjournalistinnen und Kochbuchautorinnen. Aus ihrer Feder stammen zahlreiche Titel zu türkischer, mediterraner und orientalischer Küche. »Meze in Istanbul« betrachten sie als Familienprojekt, das sie in ihrer erklärten Lieblingsstadt zusammenführt.

Der Fotograf

Uwe Tölle machte seine Fotografen-Ausbildung in Berlin. Nach Stationen in der Werbe- und Modefotografie arbeitete er zwei Jahre für eine Presseagentur, gründete eine Familie und konzentrierte sich auf Wochenzeitschriften und Monatsmagazine. Der Mauerfall brachte neue Perspektiven: People, Politik und Reportage zwischen Rügen und Zittau. Seit fünf Jahren ist neben Reisefotografie die Foodfotografie als Schwerpunkt dazugekommen.

Der Illustrator

Martin Haake lebt in Berlin und arbeitet seit rund 20 Jahren als Illustrator für internationale Verlage und Unternehmen wie z. B. Daimler Chrysler, Bacardi, Pfizer, The Royal Society of Arts. Seine Werke wurden für viele Illustration- und Design-Annuals ausgewählt. Vom Deutschen und Britischen Art Directors Club wurde er mit dem Silver Award ausgezeichnet.

QUALITÄTS G|U GARANTIE

Liebe Leserin, lieber Leser,

haben wir Ihre Erwartungen erfüllt? Sind Sie mit diesem Buch zufrieden? Haben Sie weitere Fragen zu diesem Thema? Wir freuen uns auf Ihre Rückmeldung, auf Lob, Kritik und Anregungen, damit wir für Sie immer besser werden können.

GRÄFE UND UNZER Verlag
Leserservice
Postfach 86 03 13
81630 München
E-Mail:
leserservice@graefe-und-unzer.de

Telefon: 00800 / 72 37 33 33*
Telefax: 00800 / 50 12 05 44*
Mo–Do: 8.00–18.00 Uhr
Fr: 8.00–16.00 Uhr
(gebührenfrei in D, A, CH)*

Ihr GRÄFE UND UNZER Verlag
Der erste Ratgeberverlag – seit 1722.

DANK

Dr. Özgür Savasci verdanken wir, dass der oft schleppende Kontakt zwischen München und Istanbul zu guter Letzt reibungslos funktionierte. **Amelie Edgü**, Kennerin der Istanbuler Kunst- und Kulturszene, gab uns viele hilfreiche Tipps. **Sibel Sürücü** war unserem Fotografen Uwe Tölle eine unermüdliche Dolmetscherin, Fotoassistentin und Wegweiserin durch Istanbul.